JAMES V. SCHALL, SJ

GRAMÁTICA · RETÓRICA · ARITMÉTICA · ASTRONOMIA · MÚSICA · GEOMETRIA · LÓGICA

A VIDA DA MENTE

— JAMES V. SCHALL, SJ —

A VIDA DA MENTE

SOBRE AS ALEGRIAS E OS DISSABORES DO PENSAR

2ª EDIÇÃO REVISADA

Tradução de
Márcia Xavier de Brito

São Paulo | 2021

LVM
EDITORA

Título original: *The life of the mind: On the Joys and Travails of Thinking*

Copyright © 2021 - James V. Schall

Os direitos desta edição pertencem à LVM Editora, sediada na
Rua Leopoldo Couto de Magalhães Júnior, 1098, Cj. 46
04.542-001 • São Paulo, SP, Brasil
Telefax: 55 (11) 3704-3782
contato@lvmeditora.com.br

Gerente Editorial | Giovanna Zago
Editor-Chefe | Pedro Henrique Alves
Tradutor(a) | Márcia Xavier de Brito
Revisão de tradução | Roberta Sartori
Revisão | Aline Vieira
Projeto gráfico | Mariangela Ghizellini
Diagramação | Rogério Salgado / Spress
Impressão | Rettec Artes Gráficas e Editora

Impresso no Brasil, 2021

Dados Internacionais de Catalogação na Publicação (CIP)
Angélica Ilacqua CRB-8/7057

S323v	Schall, James V. A vida da mente : sobre as alegrias e os dissabores do pensar / James V. Schall, SJ ; tradução de Márcia Xavier de Brito. -- 2. ed. rev. -- São Paulo : LVM Editora, 2021. 240 p. : il. ISBN 978-65-86029-567 Título original: The Life of the Mind: On the Joys and Travails of Thinking 1. Filosofia 2. Educação 3. Cultura 4. Vida intelectual 5. Educação clássica 6. Intelecto 7. Vida cristã I. Título II. Brito, Márcia Xavier de
21-4750	CDD 100

Índices para catálogo sistemático:
1. Filosofia 100

Reservados todos os direitos desta obra.
Proibida a reprodução integral desta edição por qualquer meio ou forma, seja eletrônica ou mecânica, fotocópia, gravação ou qualquer outro meio sem a permissão expressa do editor. A reprodução parcial é permitida, desde que citada a fonte.

Esta editora se empenhou em contatar os responsáveis pelos direitos autorais de todas as imagens e de outros materiais utilizados neste livro. Se porventura for constatada a omissão involuntária na identificação de algum deles, dispomo-nos a efetuar, futuramente, as devidas correções.

SUMÁRIO

AGRADECIMENTOS 9

INTRODUÇÃO
Uma Certa Leveza na Existência................................. 11

CAPÍTULO 1
Sobre as Alegrias e Dissabores do Pensar 21

CAPÍTULO 2
Os Livros e a Vida Intelectual 29

CAPÍTULO 3
Artes Liberales - As Artes Liberais.. 47

CAPÍTULO 4
Sobre Cuidar da Própria Sabedoria 71

CAPÍTULO 5
Sobre as Consolações da Falta de Instrução, Reexaminadas 91

CAPÍTULO 6
Sobre Nada Saber dos Prazeres Intelectuais:
a contenda clássica entre poesia e filosofia.. 111

CAPÍTULO 7
A Metafísica do Caminhar 129

CAPÍTULO 8
Além da Descrição: Sobre *O Livro Mais Maravilhoso* **151**

CAPÍTULO 9
O Risco Total para o Ser Humano:
sobre a insuficiência de Apolo **167**

CAPÍTULO 10
Sobre as Coisas que Dependem da Filosofia **185**

CONCLUSÃO
As Coisas que a Mente Não Fez **203**

APÊNDICE I
Os 20 Livros Sugeridos por Schall para Despertar a Mente................ **213**

APÊNDICE II
Sobre Educação e Conhecimento:
respostas às perguntas de Kathryn Jean Lopez,
National Review Online, 2002 .... **215**

APÊNDICE III
Leituras para Clérigos **225**

"A existência como ser espiritual compreende ser e permanecer si mesmo e, ao mesmo tempo, admitir e transformar em si a realidade do mundo [...]. No entanto, onde existe o espírito, a totalidade das coisas tem espaço; e é 'possível que em um único ser a abrangência de todo o universo pode habitar'".

(Santo Tomás de Aquino, *De Veritate*, (2, 2).
- Josef Pieper, *Contemplation and Happiness*.

"Pois, se cresci mais bem instruída sobre o mundo dos livros que Cristóvão Colombo acerca de geografia global, tenho guardado para mim, como ele, os esplendores da descoberta".

- Phyllis McGinley, *The Consolations of Illiteracy*.

AGRADECIMENTOS

Pela permissão de reimprimir aqui certos capítulos revisados, ofereço meus agradecimentos à Catholic University of America Press (Capítulo I), *Vital Speeches* (Capítulo II); à Rockhurst University Press (Capítulo III); à *Fellowship of Catholic Scholars Quarterly* (Capítulo VIII); à *Logos* (capítulo IX); à *Motion, University of San Diego Law Journal* (Capítulo X); à *National Review Online* (Apêndice II) e à *Homiletic and Pastoral Review* (Apêndice III).

INTRODUÇÃO

INTRODUÇÃO

Uma Certa Leveza na Existência

O título, o subtítulo e as duas citações introdutórias deste livro encerram quatro elementos temáticos - "a vida da mente", as "alegrias e dissabores do pensar", o "esplendor da descoberta" e a existência potencial em nós mesmos de todas as coisas que não estão em nós. A noção precisa de "esplendor" da descoberta é algo que encontrei na poeta Phyllis McGinley (1905-1978), embora seja uma ideia antiga. Não significa apenas que as coisas existem, ou mesmo, como Étienne Gilson (1884-1978) disse certa vez, que "as coisas existem, e nós as conhecemos". Inclui o elemento adicional de que vemos uma luz, por assim dizer, a resplandecer por toda a realidade, algo que nos incita a reagir a ela, a contemplá-la. Há um fulgor em ser. Tudo o que está limitado a si mesmo aponta para aquilo que não é ele mesmo.

Ainda que estivesse inclinado a intitular este livro de *O Esplendor da Descoberta*, por fim, decidi chamá-lo de *A Vida da Mente*, um título do qual gostei bastante. Entretanto, um amigo na Austrália recordou-me de que este título, *A Vida da Mente*, também fora dado ao famoso estudo em dois volumes da grande filósofa alemã Hannah Arendt (1906-1975)[1]. Tive de rir deste lembrete, visto que tenho na estante os dois volumes da obra, dedicados, respectivamente, ao "Pensar" e ao "Querer". O volume final, o "Julgar", nunca surgiu. De fato, resenhei esse livro. Os títulos dos volumes de Arendt são familiares a qualquer um que conheça Platão (ca. 428 - ca. 347 a.C.), Aristóteles (384-322 a.C.), Santo Agostinho (354-430) ou Santo Tomás de Aquino (1225-1274). Arendt foi, de fato, mais influenciada por Santo Agostinho, sobre quem escreveu em seu doutorado. O que poderia ser mais perspicaz que a seguinte frase? "O verdadeiro contrário da verdade factual, em oposição à racional, não é o erro ou a ilusão, mas a mentira deliberada"[2].

Minha "vida da mente" não é a de Arendt, é claro, mas ela está certa. A mentira se opõe à afirmação verdadeira sobre *o que é e existe*, assim como o erro se opõe ao raciocínio válido. A vida do espírito está, na verdade, preocupada com a distinção entre mentiras e verdades, erro e razão. Queremos saber estas coisas: O que é a verdade? O que é o erro? O que é razoável? O que é mentira? - pelo que realmente são, porque a atividade de conhecer essas coisas é a nossa vida; é o nosso propósito. No fim, *A Vida da Mente*, como espero que fique claro, ainda parece ser a melhor descrição do que tenho a dizer aqui.

Este livro, é melhor deixar claro já no início para que não haja dúvida, não é um estudo sobre um órgão físico chamado cérebro, nem um livro sobre lógica[3] - de como os conceitos se relacionam entre si. Qualquer verificação bibliográfica, pesquisa *online* ou em uma biblioteca revelará, além dos livros de Arendt, inúmeros outros livros e artigos com esse mesmo título, "a vida da mente", lidando com aspectos variados do conhecimento ou com o órgão físico, o cérebro.

---

[1] Em português, o título da obra de Arendt *The Life of the Mind* foi traduzido como *A Vida do Espírito*. Ver: ARENDT, Hannah. *A Vida do Espírito*. Trad. vol. 1 de Antônio Abranches e César Augusto R. de Almeida, trad. vol. 2: Helena Martins, Rio de Janeiro: Relume Dumará, 2000. (N. T.). Resenhado por Schall em: *Theological Studies 40* (março de 1979), p. 204-206.
[2] ARENDT, Hannah. *A Vida do Espírito*, vol. 1, *op. cit.*, p. 46. (N. T.)
[3] A observação é pertinente se considerarmos o título do livro em inglês *The Life of the Mind*, que também poderia ser traduzido por *A Vida da Mente* ou *A Vida do Intelecto*. (N. T.)

Que nossas mentes estão vivas, que elas têm uma "vida", é um princípio filosófico clássico. *Vivere viventibus est esse*[4], ou seja, o ser exato das coisas vivas é aquele em que as coisas realmente vivem. Elas têm uma fonte de movimento dentro de si, a sua própria atividade que lhe é específica. Do mesmo modo, algumas coisas vivas, dentre elas, nós mesmos, também temos mentes. A própria "vida" dos seres com inteligência é *pensar*, exercitar essa inteligência ativamente a respeito daquilo *que é*. Um ser cognoscente vive de modo mais aguçado, mais vívido, quando pensa sobre *o que é* e *existe*.

Nossas mentes, inicialmente, estão vazias. Enquanto estão vazias, até mesmo antes de pensarmos alguma coisa, são mentes, ou seja, são poderes de conhecimento que não nos concedemos a nós mesmos. Até que encontrem alguma coisa que não sejam elas mesmas, algo fora de si, nossas mentes não conhecem coisa alguma. A mente é uma capacidade que busca ativamente conhecer o que há, o que encontra.

De maneira mais precisa, aquilo que conhece não é a mente, mas nós mesmos, com ou por intermédio da mente. Nada, ademais, está realmente completo a menos que também seja conhecido. Todas as coisas têm duas existências: uma real e outra mental. A mental é realmente a qualidade do ser existente que está a pensar sobre o que, fora de si, é conhecido por intermédio de sua mente.

Podemos, contudo, conhecer algo, mas não ser verdadeiramente tocados por isso. Podemos optar por não pensar de modo profundo a seu respeito. G. K. Chesterton (1874-1936) disse, certa vez, em uma frase memorável de que gosto muito, que não há assunto desinteressante, somente pessoas desinteressadas. Nada é de tão pouca importância que não mereça ser conhecido. Todas as coisas revelam algo. Nossas mentes não podem exaurir plenamente a realidade contida até mesmo na menor das coisas.

A condição de nosso ser humano, portanto, é o risco de não conhecer algo que é digno de ser conhecido. "Todo o universo pode habitar em nossas mentes", como observou Santo Tomás de Aquino. Esse viver dentro de nós é o propósito pelo qual, em primeiro lugar, ganhamos uma mente. O que torna aceitável ser um ser humano particular, finito, tal como é cada um de nós, deve-se ao fato de que, por causa da inteligência, o universo também é devolvido a cada um de nós. Nosso conhecimento não impede

---
[4] Nos viventes, viver é ser. (N. T.)

de maneira alguma que outras pessoas conheçam, no mesmo universo, a mesma coisa.

O que nos é concedido, além de nós mesmos, parece dado inicialmente de modo que apenas possamos contemplar. Era a isso que Aristóteles se referia ao definir a mente como o poder que é capaz de conhecer todas as coisas. Esse primeiro momento contemplativo não sugere que não possamos ter outro propósito ou uso para o que conhecemos. O conhecimento nos capacita a agir no mundo para nossos propósitos imediatos e últimos. Não obstante, o que existe a ser conhecido normalmente precede nossa existência finita. Conhecemo-nos, antes de tudo, como receptores daquilo que existe para ser conhecido sem nós.

Este livro é sobre pensar e ler, sobre pensar enquanto lemos, sobre ter ciência e sobre a delícia dos próprios atos de ler ou pensar. É, se preferirem, um livro sobre as famosas *artes liberales*, nas artes liberais. Ou seja, versa sobre aquelas coisas que nos libertam para ser o que somos, o que somos destinados a ser, seres que conhecem, que sabem *o que é e existe*, que se deleitam nesse processo de conhecer. Não devemos ter medo dos esplendores nas coisas, exceto talvez o medo de que, dada nossa finitude e, de modo mais sombrio, nossas vontades relutantes, possamos perder algumas delas.

Alguns conselhos podem ser encontrados aqui a respeito do que ler e por que ler. No final, há uma lista especial de livros pensada para "despertar" nossas mentes. Se há um senso de urgência, de não querer perder coisa alguma, ainda que, até agora, tenhamos perdido muitas coisas, ele não é definido em oposição ao tempo livre no qual temos tempo para as coisas. Queremos conhecer coisas que estão para além de nós mesmos, que não fazem parte de nós, quase como se esse conhecer outros fosse parte do conhecer a nós mesmos, como eu acho que é. Não nos mostramos como se só estivéssemos preocupados conosco. Somos, todavia, receptores; as coisas são-nos dadas para que possamos conhecê-las. Dizem-nos, até mesmo, que devemos "conhecer a nós mesmos", o que, como nos ensinam a história da filosofia e a própria experiência, não é pouca coisa.

De fato, como costumo sugerir, não podemos conhecer e não conhecemos a nós mesmos a menos que primeiro conheçamos o que não somos. Tornamo-nos "vivos" no sentido intelectual por conhecer até a mais simples das coisas, nada menos que a maior, e ambas podem nos fascinar. Mas, ambas, a grande e a pequena, podemos escolher ignorar, ou mesmo rejeitá-las. Suspeitamos existir uma conexão entre as coisas mais excelsas e as coisas mais modestas e o que está no meio termo - sendo esta última categoria, por sua vez, a qual, se formos sábios, nós nos colocamos. Os gregos, na verdade, nos chamavam de "os mortais", seres que morrem e que, exclusivamente, sabem que morrem. Eles também nos chamavam de *microcosmoi*, os pequenos (micro) seres individuais nos quais, de alguma maneira, existe toda a criação, em todos os seus níveis, matéria, vida, sentido e mente.

Na verdade, eu sugeriria ainda que, paradoxalmente, há perigo de não ficarmos encantados com nosso conhecimento *daquilo que é e existe*. Devemos ficar satisfeitos com as coisas que são, na ordem apropriada, aprazíveis. É perversão, tanto da mente como do coração, pensar que, de algum modo, *o que existe*, também não é algo que nos é dado. Sou arrojado o bastante para defender, com Hilaire Belloc (1870-1953), que, mesmo enquanto caminhamos, podemos encontras as coisas *que são e existem*. Há uma "metafísica" no privilégio de caminhar neste planeta verde. Pode ser vantajoso, ademais, ter tido uma "má educação", como nos conta Phyllis McGinley, se isso nos levar a buscar o que perdemos. Platão é bem cuidadoso para não nos apressar muito no aprendizado. Sugere que nosso tempo relativamente curto como mortais é tempo bastante para realizar - tornar manifesto - aquilo que somos. Não temos, como lembramos no final de *A República*, oportunidade de escolher nosso "*daimon*", nosso destino, uma segunda vez. Recebemos uma vida. É o bastante.

Este é, por assim dizer, um livro para aqueles que, durante o processo educativo, muitas vezes com as mais altas credenciais, não foram expostos às coisas mais excelsas e aos que, apesar de tudo isso, suspeitam que a eles lhes falta alguma coisa. Este livro dá continuidade aos meus livros anteriores naquilo que pode ser denominado de "educação e realidade" - como em *Another Sort of Learning* [Outro Tipo de Aprendizagem], *A Student's Guide to Liberal Learning* [Um Guia do Aluno para a Aprendizagem Liberal] e *On the Unseriousness of Human Affairs* [Sobre a Falta de Seriedade das Questões Humanas].

Um capítulo sugere que precisamos "cuidar de nossa sabedoria". Outro fala sobre "o risco de se ser um ser humano", a bem dizer, que muito nos é dado, mas não percebemos. Sim, podemos escolher perder o que existe. Este não é um livro "acadêmico", embora, espero, seja um livro inteligente. Se há certa luz nessas considerações, é por haver *certo iluminamento na própria existência*, algo que perdemos por nossa conta e risco. As coisas "dependem" de uma filosofia que saiba *do que existe, do que é*.

Este não é um livro de "autoajuda", como nos lembra o acerbo e delicioso livro de Walker Percy (1916-1990), *Lost in the Cosmos: The Last Self-Help Book* [*Perdidos no Cosmos: o último livro de autoajuda*][5]. Muito menos é um livro sobre "autoconfiança", "autotranscedência" ou "autointeresse". É, pelo contrário, um livro de fascínio, de espanto de que algo realmente existe, incluindo o próprio eu. Sou muito influenciado pela "ordem das coisas", tanto por existir uma ordem como por poder conhecê-la, descobri-la. Não "faço o mundo", mas o encontro já lá, já o que ele é. Por isso, falo em "descobrir", não em "construir". É de grande conforto, ao nos conhecermos honestamente, reconhecer que não geramos o ser *daquilo que é e existe*. E, se falo da "vida da mente", não quero dizer que essa vida não está relacionada ou é totalmente independente da vida dos sentidos corporais. Existimos como um todo. Somos seres únicos tanto no que somos como no que conhecemos.

Assim, inicio a reflexão com o famoso livro de Antonin-Gilbert Sertillanges (1863-1948), *A Vida Intelectual*, porque tal vida é algo que todos podemos nos esforçar para ter, até o mais humilde dentre nós. Santo Tomás de Aquino, aquele que talvez tenha tido a melhor mente de nossa espécie, não hesitou em perder tempo com os mais lentos dos irmãos ao lhes ensinar o que podiam conhecer. No entanto, ele mesmo passou a maior parte das horas de vigília a explicar, cuidadosa, profunda e incisivamente o que é. Não negligenciou nenhuma fonte de informação a nós disponível, dentre elas, a revelação.

Este livro tem um propósito "prático"? Ele o ajudará a ingressar na faculdade ou a conseguir um emprego melhor ou a concorrer a um cargo? Na verdade, não. É endereçado, em grande parte, àquilo que não é prático a nosso respeito, ao que tem a ver com o conhecer, não com o fazer, embora admita uma relação íntima entre eles. O "fazer" que eu vislumbro não é simplesmente o desejo de descobrir um livro e lê-lo. É sentir a nossa alma movida por aquilo que não somos nós, pela verdade, por aquilo *que é*. Platão, em uma famosa passagem de sua Sétima Carta, advertia-nos a respeito da escrita, sobre como a disposição de palavras pode esconder o que elas são feitas para revelar ou transmitir. Platão dizia que nunca escreveu o que realmente pensava. Contou-nos que apenas escreveu os diálogos socráticos,

---

[5] PERCY, Walker. *Lost in the Cosmos: The Last Self-Help Book*. Nova York: Farrar, Strauss & Giroux, 1983.

embora tenha confessado, inesperadamente, em *O Banquete*, que conhecia alguma coisa a respeito do amor. Ao ler os diálogos de Platão, devemos ser conduzidos à visão que ele conhecia, se formos filósofos.

    Santo Tomás de Aquino também compreendeu que nunca entendemos ou expomos plenamente toda a verdade acerca de coisa alguma ou de todas as coisas. Entretanto, ele pensava que poderíamos e deveríamos dizer o que sabemos, percebendo, juntamente com Sócrates (470-399 a.C.), que a realidade será maior que as nossas palavras e os conceitos que possamos transmitir. Tanto Platão quanto Santo Tomás de Aquino nos puseram em uma aventura, uma busca, uma jornada de simplesmente conhecer. Se nos permitirmos ser entorpecidos, ser desviados da realidade, estas páginas, espero, servirão para nos despertar, para retomar em nossas almas, da melhor maneira possível, aquela vocação que todos temos: de conhecer *aquilo que é e existe*.

CAPÍTULO 1

CAPÍTULO 1

Sobre as Alegrias e Dissabores do Pensar

"Uma vocação não se satisfaz de modo
algum com leituras soltas e trabalhinhos
esparsos"[6]

A. D. SERTILLANGES

Muitos de nós, nos últimos anos, desejamos que alguém tivesse falado conosco, quando éramos mais jovens, a respeito de certas coisas, muitas vezes, sobre certos livros que, ao olharmos para trás, teriam nos ajudado muitíssimo nos projetos de nossas vidas. Em especial, determinados livros, suspeitamos, teriam ao menos nos ajudado a conhecer a verdade das coisas. Alguns desses livros são dirigidos ao que é verdadeiro, à realidade, àquilo *que é*. No entanto, vários outros, como o Órganon, de Aristóteles, são direcionados à questão dos elementos do conhecimento e do discurso, ou de como devemos seguir a aprender. Na verdade, eu mesmo escrevi um livro chamado *Another Sort of Learning*. Nesse livro, menciono o livro de A. D. Sertillanges sobre a "vida intelectual" como

---

[6] SERTILLANGES, A. D. *A Vida Intelectual: Seu Espírito, Suas Condições, Seus Métodos*. Trad. Lilia Ledon da Silva. São Paulo: É Realizações, 2010, p. 21 (N. T.).

um daqueles poucos livros que darão, a quem quer que esteja seriamente interessado, um bom começo.

No entanto, Sertillanges oferece mais que uma boa iniciação. Ele explicitamente nos diz como começar, como ler e como escrever, como disciplinar o nosso tempo e, até mesmo, nossas almas. O autor também trata da vida do espírito, em que se encontra qualquer vida intelectual verdadeira. Talvez tenhamos ouvido de Aristóteles que somos animais racionais, que a vida contemplativa é algo a que devemos aspirar. Praticamente ninguém nos diz o que pode significar essa vida, se é algo que está disponível a nós sob alguma condição que não compreendemos facilmente. Entretanto, mesmo que vagamente reconheçamos que a vida intelectual é uma vida elevada, ouvimos ainda menos sobre o que pode implicar conquistar essa vida. Ninguém explicita seus termos e condições. Nós também estamos cientes de que a sabedoria vem um pouco mais tarde na vida do que, a princípio, poderíamos ter suspeitado ou desejado. Ainda assim, conjecturamos que existiam caminhos que poderiam ter nos ajudado se apenas os tivéssemos conhecido.

La vie intellectuelle, de Sertillanges, foi publicado pela primeira vez em 1921 e foi um sucesso imediato. Passou por muitas edições, em muitas línguas e, graças à Catholic University of America Press, ainda está no prelo.

Gostaria de explicar por que esse livro sempre deveria ser procurado por jovens estudantes universitários e alunos de pós-graduação, por pessoas mais velhas e por qualquer um que esteja entre essas idades. Toda vez que utilizei esse livro em sala de aula, muitas vezes quando lecionava um curso sobre Santo Tomás de Aquino, tive alunos que me contaram mais tarde que esse era um livro de que se recordavam. Ensinei-lhes como manter a curiosidade intelectual de uma maneira prática, eficiente, não só na faculdade, mas por toda a vida. Assim, no início deste livro, o melhor caminho que posso buscar para a minha tentativa de discorrer sobre "a vida do espírito" é aconselhar a leitura de outro livro, não necessariamente de imediato, mas, em breve, um livro com quase o mesmo título, *A Vida Intelectual*. Na "vida da mente" é bom, até mesmo emocionante, se um livro leva a outro - se um autor nos leva a um segundo autor.

À primeira vista, *A Vida Intelectual* é um livro "esquisito". À segunda vista, é um livro extremamente exigente[7]. Sertillanges meticulosamen-

---

[7] Os dois livros que mais se comparam a esse livro de Sertillanges, ambos em termos de dificuldade e de conteúdo, são o de Mortimer Adler, *How to Read a Book* [em português, na seguinte edição:

te nos diz como tomar notas, como começar a escrever e publicar, como organizar nossas notas e, por trás delas, nossos pensamentos, e até mesmo nossos dias. Parece "esquisito" porque não usamos mais, como fazia Sertillanges, canetas ou máquinas de escrever. Somos gratos pela oportunidade de usar computadores de última geração e processos de impressão que o teriam maravilhado. No entanto, o conselho de Sertillanges é tão pertinente quanto difícil, tanto para quem tem um computador como o é para quem tem um lápis.

Precisamos lembrar que muitos dos grandes livros e escritos foram inicialmente redigidos em pergaminhos ou mesmo em pedra. Se olharmos para a produção total de grandes pensadores como Aristóteles, Santo Agostinho ou Santo Tomás de Aquino, é difícil imaginar como poderiam ter sido mais produtivos, mesmo que tivessem tido um computador. A mente humana e a engenhosidade, evidentemente, encontrarão um meio para registrar aquilo que vale a pena ser escrito. Afinal, o que importa é o que é verdadeiro, não a mecânica do registrar. Na década de 1920, o próprio Sertillanges estava tecnologicamente em uma situação melhor que Santo Tomás de Aquino, sobre quem ele escreveu tão bem. A capacidade tecnológica, ainda que útil, não é o mesmo que inteligência. Só a verdade é motivo o bastante para examinar o livro de Sertillanges, e através dele, examinar Santo Tomás de Aquino, de quem o presente livro tanto procede.

"Como Santo Tomás conseguiu fazer isso?", ficamos a imaginar. Eu duvido muito, como já disse, que ele pudesse ter escrito mais ou melhor se tivesse um computador de última geração e ferramentas de pesquisa à sua disposição. De fato, em certo sentido, tais coisas poderiam ter sido obstáculos. Pois Santo Tomás de Aquino desenvolveu uma capacidade desconcertante de ter à mão os ensinamentos dos grandes escritores que o antecederam, dentre eles, as Escrituras. Essa sabedoria exigiu livros e leituras, é claro, até mesmo para Tomás de Aquino, mas ele aprendeu como fazer essas coisas. O que Sertillanges nos ensina é como, do nosso modo, imitar as lições transmitidas pela vida do grande dominicano - como conduzir uma vida intelectual adequada, repleta de honestidade, de oração, de trabalho diligente e, no final, cheia do encanto de conhecer.

Como ler livros. São Paulo: É Realizações, 2010 (N. T.) e o de Peter A. Redpath, *How to Read a Difficult Book* [*Como Ler um Livro Difícil*].

Ao ler o livro de Sertillanges, um primeiro projeto externo que, por ora, recomendo, não podemos evitar a sensação de que ele nos dá alguns dos segredos da enorme produtividade e da aguda perspicácia de Santo Tomás. Há apenas tantas horas em um dia, em uma semana ou em um mês. Sertillanges não nos pede que desistamos de nossas vidas cotidianas e nos dediquemos em tempo integral à vida intelectual da maneira que Santo Tomás de Aquino fez. Em vez disso, de modo prático, Sertillanges nos ensina como organizar nossas vidas de modo que possamos adquirir um início sólido, com sorte ainda quando jovens, e passarmos o restante dos dias construindo sobre esse fundamento sólido. Em suma, Sertillanges nos ensina a respeito de hábitos, disciplina, produtividade e verdade. Crê que podemos levar uma vida verdadeiramente intelectual se conseguirmos reservar de uma a duas horas por dia para buscar seriamente as coisas mais excelsas. Ele não é rígido ou pouco prático nesse ponto. Ademais, quando apresentado apenas em termos de horas ou tempo, tendemos a deixar escapar aquilo a que nos conduz Sertillanges.

Qualquer espécie de aprendizado, no começo, estará relacionada com um trabalho penoso. Podemos, simplesmente, chamar isso de um tipo de trabalho. Precisamos chegar a um ponto em que comecemos a ter prazer com aquilo que estamos aprendendo, em que não possamos esperar para retomar nossas considerações, escritos ou pensamentos acerca de determinado tópico. Qualquer coisa *que* é é fascinante. Chesterton, cuja própria vida intelectual parece tão vibrante quanto a dos tempos modernos, observou que não existem assuntos desinteressantes, apenas pessoas desinteressadas. Essa é uma daquelas verdades tão óbvias que dificilmente podemos suportar, já que nos força a olhar, primeiro, para nós mesmos, para a causa de nosso tédio. Grande parte desse "desinteresse" acontece precisamente porque nunca aprendemos como ou por que ver o que lá existe. Sertillanges nos ensina a analisar nossas vidas. Ele não deixa de mencionar que nossas falhas morais, tanto as graves como as leves, podem, de fato, impedir ou evitar que estejamos livres de nós mesmos para enxergar aquilo que não é nós mesmos, para ver *aquilo que é*. "Queres ter uma vida intelectual?", pergunta Sertillanges na introdução à edição de 1934, "começa a criar dentro de ti uma zona de silêncio". Vivemos em um mundo rodeado de barulho, de uma espécie de inquietação estridente que preenche os dias e as noites. Temos muitas coisas para nos distrair, mesmo se, às vezes, cremos que elas possam nos educar. Sertillanges tem certeza de que temos tempo. No entanto, ele também está certo de que não percebemos que temos tempo porque nossas vidas parecem estar ocupadas e cheias. Encontramos tempo, em primeiro lugar, ao ficarmos interessados, ao desejarmos conhecer. Sertillanges pede um exame de consciência tanto dos nossos pecados quanto do uso de nosso tempo.

Uma vida intelectual, uma vida contemplativa é, em si mesma, repleta de atividade, mas uma atividade com propósito, que deseja conhecer e que conhece a verdade. Aqueles que, muitas vezes, hoje, chamamos de "intelectuais", provavelmente não são o que Sertillanges tinha em mente quando falou a respeito de uma "vida intelectual". Intelectuais como classe, escreveu Paul Johnson no livro *Os Intelectuais*[8], podem muito bem conceber teorias e explanações exatamente como produtos ou justificativas das suas próprias desordens morais. São as versões modernas dos sofistas que Platão tanto criticou muito por não tomarem uma posição acerca da verdade das coisas. Nunca devemos esquecer que uma vida intelectual pode ser uma vida perigosa. Os maiores vícios não brotam da carne, mas do espírito, como disse Santo Agostinho. O mais resplandecente dos anjos era um anjo caído.

Essas considerações sóbrias explicam por que gosto desse livreto de Sertillanges. Ele não hesita em advertir-nos sobre a relação íntima entre nosso conhecimento da verdade e a sistematização de nossas almas para o bem. A vida intelectual pode ser, e muitas vezes é, uma vida perigosa, mas isso não é motivo para negar-lhe glórias. E Sertillanges é muito cuidadoso ao nos direcionar para aquelas coisas que buscamos, porque elas explicam o que somos, explicam-nos o mundo e Deus. Um primeiro passo para ter uma vida da mente é reconhecer que outras mentes tiveram vidas, vidas que elas explicam - se as escutarmos.

Quando pegamos o livro de Sertillanges, ficamos surpresos, sem dúvida, com sua praticidade detalhada. Não é de todo diferente do livro de Henry Watson Fowler (1858-1933), *Modern English Usage,* ou de William Strunk Jr. (1869-1946) e E. B. White (1899-1985), *Elements of Style*. Em sentido diverso, é um manual, um direcionamento passo a passo para aquilo que devemos fazer primeiro, e o que fazer a seguir. Somos tentados a pensar que a vida intelectual é um gigantesco *insight* que vem a nós em uma

---

[8] No Brasil, encontramos a seguinte edição: JOHNSON, Paul. *Os Intelectuais*. Rio de Janeiro: Imago, 1990. (N. E.).

bela manhã enquanto estamos nos barbeando ou tomando café. Sertillanges não nega que a compreensão pode nos chegar dessa maneira, mas o curso normal das coisas requer de nós, enquanto hábito, buscar a verdade, conhecer, ser curioso acerca da realidade.

    A Vida Intelectual, além disso, não é, em primeiro lugar, para acadêmicos profissionais, embora isso não prejudique nenhum deles. Nem diria que isso é para todos. É, entretanto, para muitos, e não só para aqueles que têm formação superior em Física e Metafísica. Esse é um livro que nos permite ser livres e independentes, saber por que não precisamos depender dos meios de comunicação ou de qualquer ideologia. É um livro que não nos "ensina" a conhecer, mas nos ensina a como lidar com o conhecimento e como continuar a conhecer. É projetado para manter-nos vivos no íntimo, precisamente por nos ensinar a entender e crescer no conhecimento, com regularidade, com paciência e, sim, de modo crítico.

    Eu colocaria *A Vida Intelectual* na mesa de todo aluno sério, e na maioria dos alunos que não são sérios. Na verdade, Platão disse que nossas vidas "não são sérias" se comparadas à de Deus. Algo daquele lazer descontraído, daquela sensação serena de liberdade que deriva do conhecer e do querer saber é instilado em nossas almas por esse livro. A sua simples presença em nossas escrivaninhas ou prateleiras é um estímulo constante, um lembrete visível de que a vida intelectual não é algo forasteiro, algo que não temos oportunidade de, à nossa maneira, aprender a respeito.

    Devemos ler esse livro clássico do início ao fim, tornando nossos seus ensinamentos à nossa própria maneira. Adaptar o que Sertillanges sugere à nossa forma de usar o computador, aos nossos livros e às nossas horas do dia ou da noite não deve ser nenhum problema. O livro terá um efeito permanente e concreto em nossas vidas. Se seguirmos seus preceitos, ele nos tornará vivos de maneira interior, curiosa e encantadora, como sugerem as palavras do seu magnífico título - *A Vida Intelectual*. Não vejo razão para nos contentarmos com nada menos que isso. O grande dominicano francês ainda nos ensina a aprender, mas somente se formos livres o bastante para nos deixarmos ensinar por eles - somente se formos livres o bastante para querer conhecer.

CAPÍTULO 2

CAPÍTULO 2

Os Livros e a Vida Intelectual

I

Até aqui, vimos que uma maneira de começar a cuidar da "vida da mente" é com *A Vida Intelectual*. Também mencionamos de passagem: Fowler, Strunck e White, Phyllis McGinley, Santo Tomás de Aquino, Chesterton, Aristóteles, Josef Pieper (1904-1997), Walker Percy, Étienne Gilson, Platão e Paul Johnson. Agora, chegamos a Samuel Johnson (1709-1784). Há alguns anos, em 1979, quando comecei a lecionar em Georgetown, ocorreu-me de ler em sala de aula algo de Johnson, o grande lexicógrafo e filósofo inglês. Não lembro bem o que li, embora seja normal eu estar preparado para ler algo de Johnson sem mais nem menos. Na maioria das vezes, tento ler para mim algo de sua sabedoria infalível. De qualquer maneira, vários meses após o encontro inicial, recebi uma encomenda da Flórida, um pacote que continha uma reimpressão, de 1931, de um livro originalmente impresso em 1799.

O livro era *The Life of Samuel Johnson L. L. D.* [*A Vida de Samuel Johnson*]⁹ de James Boswell (1740-1795). Esse livro em dois tomos foi encontrado por um aluno daquela turma de 1979 em uma loja de livros usados - lojas de livros usados, insistirei aqui, são lugares que devem ser importunados com frequência por visitas de jovens estudantes, como se equivalessem à *Ilha do Tesouro*, de R. L. Stevenson (1850-1894), pois estão, de fato, geralmente cheias de tesouros inesperados se você sabe o que procura. Esse livro específico que me foi enviado, como informa um selo em tinta azul na página de rosto, fizera parte da biblioteca da St. Paul High School em São. Petersburgo, na Flórida. Por certo, qualquer biblioteca de escola ou faculdade que descarte um livro tão maravilhoso merece perder, senão o credenciamento, a reputação! Penso nesse incidente todos os anos quando noto quais livros básicos - digamos, Ética, de Aristóteles, ou *A República*, de Platão - são vendidos por alunos para os sebos como livros usados, sinais certos do declínio intelectual dos estudantes que os revendem. Eu diria mais, livros sem valor *devem* ser revendidos - o truque é saber a diferença.

Para desenvolver o que disse sobre *A Vida Intelectual* no capítulo anterior, permitam-me oferecer algumas reflexões sobre livros - sobre adquiri-los, mantê-los, lê-los e relê-los. Nunca se esqueçam da observação perspicaz de C. S. Lewis (1898-1963) de que se você leu um grande livro apenas uma vez, você absolutamente não o leu (embora seja necessário lê-lo uma vez para poder lê-lo novamente). No seu livro *Um Experimento na Crítica Literária*¹⁰, Lewis escreveu: "Aqueles que leem grandes obras [...] lerão a mesma obra dez, vinte ou trinta vezes ao longo de suas vidas"¹¹. Além disso, acrescenta, "nunca devemos pressupor que sabemos exatamente o que está acontecendo quando qualquer outra pessoa lê um livro"¹². O mesmo livro pode tocar a vontade e a compreensão de outra pessoa de modo diferente do nosso. Nós mesmos somos receptivos a livros diferentes em períodos diferentes de nossas vidas. É bem possível que uma pessoa não consiga apreender nada da leitura de um livro, ao passo que outra pessoa, ao ler o mesmo, saia e mude o mundo. Da mesma forma, podemos ficar entusias-

---

⁹ No Brasil, existe uma trilogia chamada *A Vida de Samuel Johnson*, que foi publicada de forma independente em 2019, com tradução de José Filardo. (N. E.)
¹⁰ Em português, encontramos a obra na seguinte edição: LEWIS, C. S. *Um Experimento na Crítica Literária*. São Paulo: Unesp, 2009. (N.T.)
¹¹ LEWIS, C. S. *Um Experimento na Crítica Literária*. *Op. cit.*, p. 8.
¹² Idem, *ibidem*, p. 45.

mados ao ler um livro que nossos amigos achem enfadonho. Aqui há um mistério sobre como as mentes se comunicam por intermédio da leitura.

Mas, de volta a Samuel Johnson e a uma de suas afirmações a respeito de livros, em uma passagem sobre a qual muitas vezes reflito. Em seu livro extremamente profundo, Boswell recorda várias observações que Johnson fez em uma segunda-feira, dia 22 de setembro de 1777. "Dr. Johnson aconselhou-me hoje", inicia Boswell, a ter perto de mim tantos livros quanto puder; que eu possa ler sobre qualquer assunto que eu deseje para instruir-me na ocasião. "Aquilo que você leu *na ocasião*", disse ele, "você irá lembrar, mas, se não tiver um livro imediatamente à mão, e o assunto mofar na sua cabeça, essa é uma oportunidade caso tenhas novamente o desejo de estudá-lo". Ele acrescentou, "se um homem nunca tem um desejo ardente pela instrução, ele deve estabelecer para si mesmo um compromisso. No entanto, é melhor quando um homem lê por inclinação premente". (II, 148).

Ressalto o que Johnson aconselha aqui. Não deixem as coisas "criarem mofo", ou seja, ficarem obsoletas e inertes na mente de modo que nunca pensemos nelas novamente. Johnson sugere que tenhamos à mão, ao nosso redor, muitos livros sobre muitos assuntos; ou seja, precisamos da nossa própria biblioteca básica, uma que seja nossa, porque nós mesmos encontramos e compramos os livros que nela estão.

Entretanto, ter um monte de livros não basta. Os tolos podem ter bibliotecas. O diabo era um dos anjos mais inteligentes, e sabemos o que lhe aconteceu. O conhecimento por si só não nos salvará, embora também precisemos dele. O essencial é a "inclinação para conhecer", algo que não pode ser comprado, emprestado ou injetado. Johnson sugere que, em certa medida, nós podemos estimular a nós mesmos a conhecer, como ele expõe, podemos nos "determinar à tarefa". Podemos, por exemplo, dizer para nós mesmos, "Lerei *Os Irmãos Karamazov* durante o feriado do Natal", e, então, fazer isso. No entanto, é melhor ter um "desejo ardente de instrução", algo que flui de nossos próprios recursos internos, não apenas de nossos deveres externos. Se lermos o primeiro parágrafo de *Os Irmãos Karamazov* e ficar em nós algum espírito, não descansaremos até terminá-lo.

Nunca é demais destacar que, no fim das contas, cada um deve descobrir na própria alma esse desejo de conhecer. Nada pode substituir isso. Esse desejo por saber constitui o verdadeiro centro daquilo que somos como seres racionais, distintos no universo, exatamente porque podemos conhecer. Em última análise, temos que despertar para o conhecimento. Não podemos fazer isso, como sugeriu Platão, até que cheguemos a um certo nível de maturidade ou de autodisciplina. Um professor experiente quase pode dizer, pelo brilho nos seus olhos, o dia em que o aluno despertou pela primeira vez e passou a querer conhecer. Ninguém pode, verdadeiramente, encontrar um substituto para a sua própria atração pela verdade. Se esse desejo não está presente, ninguém pode nos dar externamente de nós. E se não existe, sem dúvida é porque nós mesmos não nos ordenamos ou colocamos nossos interesses de lado por tempo suficiente para nos questionarmos sobre as coisas "pelo que elas mesmas são", como disse Aristóteles. Admito, entretanto, que a vaidade, por vezes, pode ajudar. Se, finalmente, ficarmos constrangidos ao ter de admitir, pela quinquagésima vez, que nunca lemos *A Poética*, de Aristóteles, ou *Ortodoxia*, de Chesterton, no fim das contas, nós os leremos apenas a fim de parecermos cultos, somente para nos surpreendermos ao aprender como são bons.

II

Recordemos que não há limites ao que podemos conhecer. É um erro pensar que quando aprendemos alguma coisa isso se dá à custa de outra coisa. O conhecimento não é um jogo de soma zero. É, de fato, uma das grandes riquezas do universo. Nossa alma não é um receptáculo material e finito; ela opera com um poder propriamente espiritual. É verdade que precisamos dividir nosso tempo e esforços, que algumas coisas são mais fascinantes que outras. Entretanto, em princípio, todas as coisas, sem importar quão insignificantes, são dignas de ser conhecidas. Se estivermos entediados, não é por não existirem coisas interessantes para conhecer. Nossas mentes têm aquilo que os antigos chamavam de "*capax omnium*"[13]. Elas são capazes de conhecer todas as coisas. Essa é uma expressão que com frequência repetirei. Aristóteles tem uma boa argumentação a respeito disso no terceiro livro do seu *De Anima*. É pelo conhecimento daquilo que não está em nós mesmos, daquilo que é em si mesmo, que ele se torna nosso. Torna-se um acréscimo apropriado para o que somos; para nós, conhecer também é ser.

---

[13] "capaz de tudo". (N. E.)

De fato, é por saber o que não está em nós mesmos que podemos nos dar conta, reflexivamente, dos nossos próprios eus - da nossa própria existência e atividade. Tornamo-nos vivos para nós mesmos somente quando conhecemos o que não somos nós mesmos. De certo modo, o mundo todo nos é oferecido para que nós possamos nos conhecer a nós mesmos. Somos a única coisa no universo variado que não podemos conhecer diretamente. Podemos olhar nossos rostos em espelhos, mas só podemos conhecer nossas mentes enquanto elas estiverem conhecendo algo diverso. O universo, em última análise, nos dá a nós mesmos. Para conhecer, contudo, precisamos de tempo, de disciplina e de uma ordem de conhecimento, como nos diz Santo Tomás de Aquino no início da grande *Suma Teológica*. A aventura de conhecer é nossa estrada para a aventura de ser - para o ser de todas as coisas *que* são e *existem*.

Para dar um exemplo bastante divertido de quantas coisas estranhas podemos conhecer, deixem-me perguntar, aleatoriamente, o que é um vitologista? Ou melhor, o que é vitofilia? Se conhecemos os sufixos gregos, sabemos que "filia" significa o amor por alguma coisa. No sentido mais excelso, como nos conta Aristóteles, significa o amor pelos amigos; melhor, significa o amor mútuo de uma pessoa por outra. Mas, nesse contexto, vitofilia significa amor por quê? Bem, eu jamais teria ouvido essa palavra obscura não fosse pelo fato de alguém ter me dado de Natal um daqueles calendários descartáveis dedicados a - de todas as coisas possíveis - charutos (É claro, eu mesmo nunca fumei charutos sem ficar enjoado). Essa palavra intrigante estava ali, perto de minha escrivaninha, esperando que chegasse o dia certo, nesse caso, quarta-feira, 13 de janeiro de 1999. Ocorre que a primeira parte da palavra vitofilia se refere à arte nas caixas de charutos ou nas anilhas ao redor dos charutos, também chamadas de vitolas. Na verdade, em Havana existe um museu enorme que exibe as intricadas obras de arte, do século XVIII em diante, dedicadas a adornar anilhas e caixas de charutos. O maior vitologista do mundo é um homem chamado dr. Orlando Arteaga Abreu, presidente da Associação Cubana de Vitofilia. Dito isso, alguém poderia perguntar, é essa a informação mais profunda que Schall já obteve? Bem, é claro que não, mas, se acontecer de eu encontrar Fidel Castro (1926-2016) ou algum outro aficionado por charutos, terei algo para conversar. Isso lança uma nova luz sobre os charutos, por assim dizer, perceber que tal obra intricada continua decorando a anilha e a caixa.

Por certo tempo, quando criança, eu costumava fazer algo tão inútil quanto colecionar vitolas: colecionei caixas de fósforos e panfletos. O mesmo princípio de curiosidade está envolvido. Lembro-me de ter aprendido muito sobre geografia com eles. A maioria das caixas de fósforos traz o endereço e a cidade do que quer que estejam anunciando. De algum modo (eu morei em Iowa quando criança), certa vez, consegui a caixa de fósforos preta de Palmer House, em Chicago, um hotel que era tido, na época, como um lugar muito refinado; e a caixa de fósforos, rara. Anos mais tarde, eu fui a uma conferência no Palmer House e senti-me em casa por conta daquela caixa de fósforos. A questão aqui é que podemos aprender tudo a respeito de vitolas e caixas de fósforos, e isso não fere nem um pouco nossos cérebros. Em geral, é bom ter um *hobby* que nos permita aprender sobre alguma coisa, sejam gatos malhados, as médias de rebatidas dos estreantes do Chicago Cubs ou o número de peixinhos em um lago de pesca mediano.

Deixando de lado as vitolas e as caixas de fósforos, os livros sempre permanecerão, mesmo em nosso mundo sem papel, a base de nosso aprender e recordar. Isso não é diminuir o valor e o âmbito da internet ou de outros materiais eletrônicos; eu sei que posso encontrar todos os diálogos de Platão em algum website, para não dizer em CDs. Entretanto, ler um livro, reler um livro, ter um livro, rodear-se de livros, parece-me, que sempre permanecerá fundamental para o aprendizado profundo, em particular, o aprendizado das coisas mais sublimes. Um livro que lemos permanece ali para que o peguemos novamente. É nosso; ninguém mais leu, ou talvez o tenha grifado, como nós o fizemos.

Uma vez assisti a uma entrevista de televisão com Shelby Foote (1916-2005), o grande historiador da Guerra Civil. Ele falou sobre como só conseguia trabalhar cercado pelos próprios livros, na sua própria casa. Isso provavelmente é verdade para muitos de nós. Quando consideramos qualquer casa futura que possamos alugar, construir ou comprar, ou qualquer lugar em que possamos trabalhar, devemos nos assegurar de que reservamos um espaço adequado para os livros, nossos próprios livros, livros que pessoalmente adquirimos, lemos, grifamos, dos quais tomamos notas e acrescentamos comentários.

Nada é mais desconcertante, assim me parece, do que entrar em uma casa ou em um apartamento em que não há livros e nenhum lugar para livros, nenhum sinal de que um livro já esteve ali. Parece-me sempre uma espécie de profanação, muito embora eu esteja perfeitamente ciente de que pessoas sem livros também podem ser salvas, mesmo que, muitas vezes, tenham bastante sabedoria prática, algo que o próprio Aristóteles reconheceu. Eu sei que existem bibliotecas de onde podemos pegar emprestado, por um tempo, um livro que não tenhamos. Somos abençoados por viver em uma época em que os livros são relativamente baratos. No fim das contas, sem dúvida, o importante é o que está em nossa cabeça, não o que está em uma página impressa em nossas estantes, mesmo quando elas contêm nossos próprios livros. Também não temos de recriar a Biblioteca Pública de Nova York em nossos lares. Ainda assim, a maioria de nós beneficiar-se-ia de ter, ao menos, algumas centenas de livros, provavelmente mais, a nosso redor. Estou certo de que pelo uso inteligente de liquidações, sebos e livrarias online, qualquer pessoa pode reunir, provavelmente por menos de mil dólares, uma biblioteca básica bem respeitável. Com um pouco de empenho, podemos encontrar em uma livraria de livros usados ou online as *Obras Fundamentais de Aristóteles* ou as *Vidas Paralelas de Plutarco* por menos de vinte dólares. Se colocarmos na linha do tempo e compararmos, digamos, o preço cumulativo de suprimentos de um fumante inveterado ou a estadia de uma semana em Paris ou Tóquio, ou um bilhete da temporada do time favorito da NFL[14], o custo dos livros não é tão ruim assim. Meu ponto é apenas que termos ou não bons livros ao nosso redor não é tanto uma questão de custo, mas sim do que fazemos com o dinheiro que temos à disposição, como julgamos o valor comparativo das coisas.

  Lembrem-se, o que é importante em um livro é saber o que ele diz. Um livro é um caminho vivo para um autor que não está aqui, que pode, na verdade, ter vivido séculos antes, mas que ainda pode nos ensinar. Certa vez, escrevi um ensaio chamado "On the Mystery of Teachers I Have Never Met" ["Sobre o Mistério dos Mestres que Nunca Conheci"][15], um relato do fato extraordinário de que autores e pensadores há muito mortos ainda estão vivos quando os lemos, ainda são capazes de nos instruir[16]. Livros, como disse Platão, nunca são tão bons quanto uma conversa, como os encontros diretos com verdadeiros homens e mulheres.

---

[14] A National Football League, ou NFL, é a liga esportiva profissional de futebol americano dos Estados Unidos. (N. E.)
[15] Tradução livre. (N. T.)
[16] O ensaio encontra-se no livro: SCHALL, James V. *On the Unseriousness of Human Affairs*. Wilmington: ISI Books, 2002, p. 63-82.

No entanto, a própria estrutura de nossas vidas no tempo e no espaço, embora possa nos privar da sua presença, não nos priva do conhecimento daqueles que viveram antes ou que vivem longe de nós. Portanto, leiamos de maneira inteligente. São Paulo diz para "orar sem cessar". Creio que também devemos ler sem cessar. A leitura, de fato, pode ser, em si mesma, uma forma de oração.

Tenho uma antiga tirinha em quadrinhos do *Wizard of Id*, de Johnny Hart (1931-2007), de 16 de abril de 1969. Nela, o herói, um reizinho, está sentado em um trono de drapeados elegantes. Ao seu lado está um escudeiro de armadura. O rei ordena-lhe "postar essa proclamação na praça do vilarejo". Na cena seguinte, o escudeiro obediente é visto na praça batendo o prego para pendurar a proclamação, que decreta, ameaçadoramente: "de hoje em diante, ler será considerado um crime contra o Estado", assinado, "o Rei". No terceiro quadro, um cidadão de aparência um tanto vulgar é visto debruçado sobre o cartaz, enquanto o escudeiro o está observando por cima do ombro, testando-o. O escudeiro pergunta ao cidadão, "o que você acha dessa proclamação real?" O cidadão encara o escudeiro e responde com muita perspicácia. "Que proclamação?" Isso quer dizer, o importante não é ler, mas compreender.

III

Os primeiros livros que me lembro de ter lido provavelmente foram na época do ensino secundário, embora eu possa ter lido algum tipo de livro antes. Eu não era muito letrado ou exposto aos livros. Não conhecia os clássicos infantis, por exemplo, e alguns deles li já adulto (uma empreitada bastante valiosa). Essa negligência com os livros, provavelmente se deve em parte, ao fato de minha mãe ter morrido quando eu tinha nove anos. O ponto que trago aqui não é lamentar o que não li, mas enfatizar a ideia de Johnson de que devemos ter "um desejo ardente de instrução", um desejo de simplesmente conhecer. Esse desejo, afinal, é muito aristotélico - não que ele o tenha "inventado", mas ele o destacou. Pois foi Aristóteles quem nos disse, no início de sua grande obra, *Metafísica* (outro livro que devemos conhecer, ter e ler), que aquilo que nos incita a saber, a exercer esse "desejo ardente de instrução", é simplesmente, "maravilhamento" - não o medo, ou o prazer, ou a falta de algo (*Metafísica*, 982b 10-15). Só queremos saber.

Quando temos todo o resto, ainda queremos saber e saber mais. Essa é a verdade a nosso respeito.

Não faz diferença terrena para mim, por exemplo, conhecer o que significa vitofilia e, ainda assim, estou feliz por saber isso. Encanta-me ter sobre a minha escrivaninha, simplesmente ali, algo que me informa o significado das coisas. Sem isso, como sugere Johnson, provavelmente eu nunca teria me preocupado em pesquisar. A palavra não está, de fato, no meu *Random House College Dictionary*. Eu também procurei naquela obra enorme e famosa, o *Oxford English Dictionary*, mas na edição miniaturizada de dois volumes que precisa ser lida com lente de aumento, a palavra vitofilia também não estava lá, para minha surpresa. No entanto, vitola é uma palavra espanhola, e estava no dicionário de espanhol que consultei.

Eu estava na escola secundária durante a Segunda Guerra Mundial. Não lembro muito do que li naquele período, mas lembro-me perfeitamente de um dia descobrir, na biblioteca pública local, um livro escrito por ninguém menos que o infame Josef Stálin (1878-1953). Então, decidi lê-lo. Era um volume pesado, e nem é preciso dizer -Josef Stálin não era um humorista. Lembro-me de que o editor inglês do livro colocou algumas notas de rodapé a respeito do número de pessoas nos campos de concentração russos. Essa advertência, no entanto, causou pouco impacto em mim na época. Evidentemente, estava um tanto envaidecido por ter conseguido ler um livro como aquele. Recordo-me, para o horror daquela senhora, de elogiar esse livro para a mãe de uma moça que estava cortejando na época. Stálin, naquele período, era, de fato, considerado um aliado de nosso país. No livro, ele fez o que me pareceu uma defesa quase poética de seu sistema - o único tipo, eu vejo agora, que poderia ter sido feita para ele. Na ocasião, eu tinha pouca experiência para saber como pesar adequadamente o que Stálin estava dizendo contra a verdade. Em retrospecto, essa experiência foi uma boa lição, confirmada pelo próprio Aristóteles[17], que advertiu que os jovens não são estudantes particularmente versados nos assuntos políticos.

Há duas outras coisas das quais me recordo sobre a época antes de completar vinte anos e ingressar na ordem dos jesuítas, uma mudança que

---

[17] Utilizaremos — tal como o autor fez na edição americana — os modelos de categorização editorial de August Immanuel Bekker (1785-1871) e Henri II Estienne (1528-1598). O intuito é referenciar as citações de Aristóteles e Platão — respectivamente — quando o autor não especificar uma determinada edição. Tal modelo, há séculos, é considerado o melhor sistema de citações das obras dos patronos da Filosofia, seja nos círculos acadêmicos, seja nos editoriais. (N. E.)

mais tarde me possibilitou muito tempo para pôr em dia o atraso na leitura. A primeira lembrança é de meu pai possuir vários romances dos escritores ingleses Owen Francis Dudley (1882-1952) e do monsenhor Robert Hugh Benson (1871-1914). Essas eram, pelo que me lembro, histórias um tanto apocalípticas, não muito diferentes de algumas mais recentes escritas pelo romancista canadense Michael O' Brien (*Padre Elias: Um Apocalipse*[18], *Strangers and Soujourners*, *The Plague Journal*, instalações artísticas em uma série de seis romances que O'Brien coletivamente intitula de *Children of the Last Days*). Um dos títulos de Dudley era *The Shadow on the Earth* [*A Sombra na Terra*] (1928). Devo tê-lo lido durante o secundário. Lembro-me de ter ficado um tanto atemorizado. Embora *O Senhor do Mundo*[19], de Benson, também estivesse do lado dos deuses, era, como lembro, um tanto alarmante de ler. Em retrospecto, creio que o livro mais aterrorizante que já li foi o terceiro livro da Trilogia Cósmica de C. S. Lewis, *Uma Força Medonha*[20], mas o *The Shadow on the Earth* era igualmente enervante e parecia reconhecer de modo inflexível o poder do mal no mundo, algo do qual provavelmente vale a pena estar ciente, mesmo quando se está no ensino secundário.

  Outras experiências de que me recordo com relação aos livros vieram quando eu estava no exército. Naquela época, meu posto era na Escola de Engenharia, em Fort Belvoir, descendo o rio Potomac, na Virgínia, ou talvez tenha sido em Camp Kilmer, em Nova Jersey. A Segunda Guerra Mundial havia terminado há pouco, então não havia uma real pressão sobre as tropas. Tínhamos tempo de ir à biblioteca do posto. Uma vez lá dentro, olhei, perplexo, para as pilhas e mais pilhas de livros. Naquela época, eu tinha feito um semestre de graduação na Universidade de Santa Clara e estava familiarizado com a Biblioteca Varsi de lá. No entanto, o que ficou na minha lembrança a respeito da biblioteca do exército foi a consciência de não saber o que ler, o que procurar e o que valia a pena ler. Pilhas de livros nada são se não temos ideia de como escolher entre eles. Suponho que alguém possa entrar em uma biblioteca e começar com a primeira prateleira e tentar lê-la até o fim, de A a Z, no sistema da Biblioteca do

---

[18] Em português, encontramos a obra na seguinte edição: O'BRIEN, Michael. *Padre Elias: Um Apocalipse*. Campinas: Vide Editorial, 2017. (N. T.).
[19] Em português, encontramos a obra na seguinte edição: BENSON, R. H. *O Senhor do Mundo*. Trad. Ronald Robson. Campinas: Ecclesiae, 2013. (N. T.).
[20] Em português, encontramos a obra na seguinte edição: LEWIS, C. S. *Uma Força Medonha*. São Paulo: WMF Martins Fontes, 2012. (N. T.).

Congresso, mas isso seria tanto impossível como impraticável. Ninguém jamais iria, em uma única vida, além da seção A em qualquer biblioteca de bom tamanho.

    De algum modo, contudo, de todos aqueles livros na biblioteca do posto, selecionei e li um romance de Aldous Huxley (1894-1963), creio que se chamava *Crome Yellow* (1921), ou algo parecido com isso. Infelizmente não foi *Admirável Mundo Novo*[21] (1932), um livro que teria servido para colocar Josef Stálin em algum contexto. De fato, *Admirável Mundo Novo*, como disse meu amigo Jerome Hanus da American University, é um livro extremamente bom para os estudantes de hoje lerem. É bastante preciso na descrição daquilo que aconteceria à nossa cultura se abraçássemos determinados princípios modernos da genética e da política, princípios que, evidentemente abraçamos. Meu ponto aqui é destacar essa sensação vívida de querer ler, mas de não ter nenhuma orientação, nenhuma pista sobre o que vale a pena ser lido e como alguém o encontraria.

    Essa experiência viva de não saber o que ler, creio, encontra-se na origem da minha tendência de dar aos alunos listas bibliográficas boas e breves do que ler. "Os Vinte Livros de Schall para Manter a Sanidade", listados no meu livro *A Student's Guide to Liberal Learning* ou "Os Vinte Livros que Dizem a Verdade", incluídos em *On the Unseriousness of Human Affairs*, são meras manifestações recentes dessa tendência peculiar. De fato, o primeiro apêndice deste livro contém uma lista que chamo "Os Vinte Livros Sugeridos por Schall para Despertar a Mente".

IV

    Minha experiência mostra que a maioria dos livros mais maravilhosos não são lidos simplesmente porque o estudante comum jamais ouviu falar deles. Vários anos atrás, eu estava lecionando um curso sobre Santo Tomás de Aquino. Entre os livros recomendados para o curso estava o *Santo Tomás de Aquino*[22], de Chesterton, um dos livros mais extraordinários já

---

[21] Em português, encontramos a obra na seguinte edição: HUXLEY, Aldous Leonard. *Admirável Mundo Novo*. São Paulo: Globo Livros (Biblioteca Azul), 2014. (N. T.).
[22] Em português, encontramos a obra na seguinte edição: CHESTERTON, G. K. *Santo Tomás de Aquino. Biografia*. Trad. e notas de Carlos Ancêde Nougué. Rio de Janeiro: Edições Co-Redentora, 2002. (N. T.).

escritos. Depois do semestre, um aluno me disse que ficou com o livro em cima da mesa depois de comprá-lo. Vez ou outra, antes que fosse realmente indicado, ele ia, por curiosidade, ler uma página ou duas. Ele ficou impressionado como o livro era maravilhoso. Queria saber por que ninguém jamais lhe falou a respeito de Chesterton. Nem me preocupei em dizer que alguém tinha feito.

Penso, em retrospecto, contudo, que ler sobre quase tudo, como disse Johnson, é o que nos faz começar. Existe uma autobiografia muito útil do romancista ocidental Louis L'Amour (1908-1988) chamada *The Education of a Wayfaring Man* [*A Educação de um Vagamundo*]. Nesse livro, ele narra como começou a ler e a colecionar livros e como, aos poucos, começou a especializar as suas aquisições. Adquiriu livros sobre a América ocidental e todos os aspectos de sua colonização e geografia. Nesse "livro-jornada", L'Amour simplesmente lista, ano a ano, os livros que leu, junto com um guia sobre como encontrar tempo para ler. O fato é que, e ele torna isso claro, existe muito tempo para leitura se contarmos com autodisciplina e, de maneira mais específica, se alimentarmos o nosso desejo de conhecer.

A maioria das pessoas, aliás, ouviu falar algo a respeito daquilo que chamamos de "grandes livros", ou do cânone de livros que deveríamos - ou segundo alguns, não deveríamos - ler. Precisamos perceber que um grande número dos melhores escritores que precisamos ler já estão mortos há muito tempo. Não pensem que uma coisa é boa simplesmente porque é nova ou é moda. Também descobriremos que os que são chamados de "grandes pensadores" contradizem uns aos outros. É fácil, talvez inevitável, no estudo dos grandes livros, se esse estudo não for acompanhado por uma cuidadosa formação intelectual, levar a pessoa a um relativismo ou ceticismo, embora isso não seja motivo para não os ler. Poucos dos pensadores realmente grandes eram, eles mesmos, céticos. Na verdade, a refutação intelectual do ceticismo é quase o primeiro passo sério que qualquer pessoa precisa dar para testar a validade da própria razão e da sua capacidade intelectiva. "É verdade que não existe verdade?" continua a ser o primeiro teste da razão, a primeira suspeita de que o princípio da contradição, aquela ferramenta intelectual realmente básica, opera em nossas almas mesmo quando tentamos negá-lo.

V

Precisamos nos cercar de livros porque somos e devemos ser curiosos a respeito da realidade, a respeito *daquilo que é e existe*. O universo não é obra nossa. No entanto, não faz mal sermos o que somos, porque o universo é potencialmente nosso através do nosso conhecimento. Ao conhecer, tornamo-nos o outro, tornamo-nos aquilo que não somos, como Santo Tomás Aquino nos ensinou. Mas, ao fazer isso, ao vir a conhecer, não mudamos o que conhecemos. Mudamos a nós mesmos. Nosso próprio ser intelectual tende a se tornar o que, no começo, não somos. Esse é o drama de nossa vida intelectual, da vida de nosso intelecto. Devemos dispender tempo com as coisas mais excelsas, nos diz Aristóteles, mesmo que só cheguemos a ser capazes de apreender apenas uma partícula delas, mesmo que isso dure toda a nossa vida[23].

Na série de tirinhas *Miss Peach*, de Mel Lazarus (1927-2016), na de 7 de janeiro de 1968, somos levados ao jardim de infância de Miss Peach, com Francine e Ira nas carteiras escolares. Francine é um tanto atrevida com Ira, que é mais lento. Ela está, para lembrar aqui o ponto levantado por Johnson, rodeada de livros. De fato, folheando um livro, ela reclama: "Li esse livro antes. Li todos eles". Vemos, a seguir, que ela está sentada atrás de Ira, que está lendo o seu próprio livro. Francine continua a elaborar: "Ah! Às vezes tenho a sensação de que tudo no mundo já foi dito". Ira continua a suportar o contínuo monólogo dela: "toda a filosofia, todas as reflexões históricas, todas as afirmações e observações já foram feitas". Por fim, ele se vira para olhá-la por cima do ombro, enquanto ela prossegue: "todos os comentários sobre sociedade, vida, futuro, ciência, amor, religião".

Nesse ponto, Francine se torna um tanto repressiva com Ira, que simplesmente ergue as sobrancelhas. Ela o acusa, com considerável eloquência: "Todas as palavras já foram ditas; todas as linhas já foram lidas; todos os pensamentos, pensados; todas as ideias, enunciadas; todas as observações, expressas, etc.". Por fim, Francine pergunta para um Ira de olhos baços, verbalmente atônito. "Você sente que tudo no mundo já foi dito"? Finalmente, Ira responde: "Sim, nesta tarde, por você".

Não podemos, é claro, deixar de nos divertir com essa cena.

---
[23] Aristóteles, Ética a Nicômaco, 1177b31-1178a2

Estamos cientes da passagem do Livro do Eclesiastes, que afirma que, na verdade, "não existe nada de novo sob o sol" (Ecl. 2,9). Também estamos cientes de que, para cada um de nós, tudo é novo. Começamos nossa vida intelectual com mentes que não demos a nós mesmos, com mentes que nada tinham dentro de si até que começamos a cogitar, começamos a conhecer. A resposta espirituosa de Ira sobre todas as coisas terem sido ditas naquela tarde nos lembra os limites de nossas pretensões de saber, do perigo do orgulho com que nos deparamos constantemente. O orgulho nos diz, de maneira errônea, que já conhecemos o suficiente, quando sabemos que não conhecemos todas as coisas que podem ser conhecidas, incluindo as mais excelsas.

Um dos livros que devemos ter em nossas bibliotecas são *As Confissões*, de Santo Agostinho, um livro que, talvez melhor que qualquer outro, explica a inquietação que sentimos em nossas almas no que diz respeito ao porquê de estarmos aqui e para o que somos feitos. Não somos feitos somente para pensar nas coisas mais excelsas, mas ficamos inquietos até que as encontremos. Quando era um jovem talentosíssimo, mas indisciplinado, de dezoito ou dezenove anos, Santo Agostinho nos conta que se deparou com um diálogo de Cícero (106-43 a.C.) [o *Hortensius*, agora perdido], escrito meio milênio antes (*Confissões*, III, 4). Ele leu esse diálogo e isso mudou sua vida. Decidiu buscar a verdade. No entanto, Santo Agostinho ainda demorou muito tempo para compreender as coisas. O jovem Agostinho ainda é muito atraente para nós porque ele, literalmente, experimentou de tudo.

O que o jovem Agostinho ainda nos ensina, algo que é encontrado de outra maneira em Platão e em Aristóteles, é que nossos "corações inquietos" nos levam a buscar - e, de fato, nos levam a encontrar - mas, no entanto, somos obrigados a pôr as coisas em uma ordem tal que não chamemos de verdadeiro ou de bom aquilo que não é. Ao ter por perto Santo Agostinho, Platão, Santo Tomás de Aquino e Aristóteles, Samuel Johnson e Chesterton, creio que, de modo mais certo e mais rápido, isso irá nos levar àquelas coisas que são o motivo de termos livros, não para os livros por si mesmos, mas para o que é verdadeiro, para aquilo que, como gosto de dizer, faz sentido - faz o derradeiro sentido.

No final, devemos ser cuidadosos ao ler Stálin aos quinze anos ou *Hortensius*, de Cícero, aos dezenove. Ambos nos convidam a sairmos de nós mesmos para um mundo que devemos julgar. Embora nem todas as "observações sejam feitas", nem todas as "palavras sejam ditas", ainda nos maravilhamos e temos corações inquietos. Vitofilia pode não ser uma doença, mas só podemos saber o que é somente se tivermos ao nosso redor os livros certos.

 Dizei o que leem, e eu vos direi o que sois. Em qualquer vida intelectual, os livros [em geral] e os livros que temos ao nosso redor não só indicam onde começamos ou onde terminamos, mas como chegamos lá e por que não fomos a outro lugar ou por algum outro caminho. Eles fundamentam e provocam nossa inclinação por saber. Os livros e a vida intelectual andam juntos, contanto que sempre nos lembremos de que são os livros que estão para a vida intelectual e não a vida intelectual para os livros.

 É por isso que Sertillanges e Louis L'Amour, de fato, por isso que Santo Agostinho e Santo Tomás, Johnson e Josef Pieper nos dizem que o que tem precedência é o conhecimento. Uma coisa terrível é ir a uma biblioteca e não ter ideia do que ler, mesmo quando sabemos como ler. Entretanto, a própria percepção de não conhecer também pode nos animar. Afinal, é algo grande acordar uma manhã e saber que queremos conhecer alguma coisa e tudo o que há. Pois somos, por natureza, como diziam os autores medievais, *capax omnium*, capazes de conhecer todas as coisas.

CAPÍTULO 3

CAPÍTULO 3
Artes Liberales - As Artes Liberais

"Porque o homem livre não deve ser obrigado a aprender como se fosse escravo. Os exercícios físicos, quando praticados à força, não causam dano ao corpo, mas as lições que se fazem entrar à força na alma nela não permanecerão"[24].

PLATÃO, A REPÚBLICA.

é evidente, pois, que a música deve ser ensinada de forma a que faça participar os aprendizes na sua execução.
Também não é difícil determinar o que é adequado para cada idade, nem é difícil refutar os que dizem ser nociva a preocupação com a música. Como para ajuizar é necessário que se participe da execução, as crianças devem praticar a música desde tenra idade. Chegados à idade avançada devem pô-la de parte, pois é devido à

---

[24] PLATÃO. *A República*.

> aprendizagem na infância que poderão mais tarde avaliar a boa música e frui-la corretamente[25].

ARISTÓTELES, POLÍTICA.

> já no orador, é preciso exigir a agudeza dos dialéticos, os pensamentos dos filósofos, as palavras, praticamente, dos poetas, a memória dos jurisconsultos, a voz dos atores trágicos, como que os gestos dos grandes atores[26].

CÍCERO, DE ORATORE.

I

A questão de uma educação apropriada segue a questão do que ler. As duas, leitura e educação, estão claramente relacionadas, embora qual delas vem primeiro ainda possa ser muito discutido. Neste capítulo, quero rememorar a noção familiar de "artes liberais", aqueles estudos, aquelas disciplinas que, ao passarmos por elas, permitem-nos ver melhor o que existe. As artes liberais não são invenção de uma pessoa, mas, ao contrário, representam a sabedoria reunida de muitas gerações e nações. Devemos reconhecer, desde o início, que essas artes "libertadoras" ou "liberais" não são apenas um conjunto de livros para ler, mas um percurso de

---
[25] ARISTÓTELES. *A Política*. Trad. e Notas António Campelo Amaral e Carlos de Carvalho Gomes. Lisboa: Vega, 1998, Livro VIII, 6, p. 583. (N. T.).
[26] CÍCERO, Marco Túlio. *De Oratore*. Trad. Adriano Scatolin, I, 128. *In*: *Nuntius Antiquus*. Belo Horizonte, v. 12, n. 2, 2016, p. 269. (N. T.).

vida que nos permite ser livres o bastante para conhecer a verdade das coisas. Quando conhecemos alguma coisa "pelo que ela é", também conhecemos sua verdade ou falsidade; caso contrário, realmente não a conhecemos. Parece ser bom, então, dar uma olhada mais detida nas famosas "artes libertadoras".

II

No *Críton*, de Platão, lemos que, durante o mês que Sócrates passou na cadeia esperando o retorno do navio que causaria a sua execução, Críton sugeriu que, da riqueza pessoal, ele poderia facilmente providenciar um suborno que permitiria a fuga de Sócrates. Ninguém, nem mesmo aqueles que o consideravam culpado do que fora acusado, realmente queria que Sócrates morresse. Além disso, Críton, um amigo rico de Sócrates, pareceria inferior aos olhos da cidade e de seus amigos se não apresentasse uma quantia de suborno para libertar Sócrates. Um lugar conveniente onde Sócrates poderia se exilar, Críton diz a ele, é a Tessália, famosa pelos costumes bárbaros. Sócrates já havia rejeitado a outra alternativa de ir para Tebas, uma cidade civilizada.

Sócrates não trairia sua vocação deixando de filosofar para poder continuar vivo em Atenas, a cidade culta que Péricles (495/492-429 a.C.) chamara de a mais livre de todas as cidades na Grécia. Entretanto, Sócrates rejeitou ir para Tessália porque, em tal sociedade, não teria com quem falar. A Filosofia existe na conversação. O rei bárbaro, é claro, conheceria a fama de Sócrates na grande metrópole, o filósofo. Ele lhe teria lhe convidado à sua corte para realizar algumas façanhas para impressionar seus vassalos. Os reis sempre acharam os filósofos desafortunados divertidos, embora os filósofos sejam conhecidos por terem conversado, ou mesmo por terem educado, os reis.

Ainda assim, para Sócrates ser Sócrates, o filósofo, ele necessitaria ingressar em uma conversação, em dialética. Tal dialética requereria alguém verdadeiramente interessado nas coisas mais sublimes. Sócrates preferia uma audiência composta de pessoas que tinham um desejo profundo de conhecer. Só se comprometeu a proferir monólogos diante de políticos corruptos e polidos como Cálicles, no *Górgias*. Cálicles recusou-se, ademais, a ingressar em uma conversação com Sócrates com medo de que ele (Cálicles) tivesse de questionar a própria vida política e a suposta liberdade ilimitada de fazer o que desejasse. Como ele nos conta, ele frequentara a escola quando jovem. Entretanto, o jovem tirano, por reconhecimento próprio, tinha rejeitado os princípios da educação liberal. Ele deixou de se interessar por todo o disparate acadêmico quando ingressou na vida ativa da política. Da mesma forma, o rei bárbaro da Tessália não era educado nas artes liberais. A Cálicles faltava a virtude, ao passo que, ao rei bárbaro, faltava cultura.

Os bárbaros na Tessália, portanto, embora dignos a seu modo, não estavam sistematicamente preparados a perscrutar a vida cotidiana, o propósito cívico que Sócrates designara para si na *Apologia*. Os bárbaros não teriam compreendido o propósito de uma "vida examinada". Eles não eram "livres" para saber que não sabiam. Sócrates, que sabia não saber, tinha de permanecer um cidadão privado, até mesmo em Atenas, para que não fosse eliminado mais cedo. Ainda assim, toda a sua vida foi envolvida em conversas que só poderiam ocorrer em uma cidade, embora uma cidade desordenada, uma democracia em que a liberdade significava apenas fazer e dizer o que quer que se desejasse, sem preocupação com sua verdade ou efeito. Nessa cidade, filósofos e tolos não eram facilmente distintos porque nenhum princípio de distinção era permitido, nem mesmo acreditava-se existir.

No entanto, em Atenas, porém, o *eros* filosófico poderia ter chance de atrair as almas de filósofos em potencial, aqueles que ainda não haviam decidido como viveriam suas vidas. Embora a filosofia não fosse necessária ou estivesse totalmente à vontade em qualquer cidade existente, inclusive em Atenas, os filósofos tinham de viver em um local onde não fossem mortos, por mais que sua execução pudesse confirmar suas vocações filosóficas perante o mundo. As cidades discursivas que nos legaram foram projetadas para nos libertar das cidades verdadeiras, mesmo enquanto moramos nelas. Não ter uma "cidade" articulada na alma é a essência de um homem não liberto. Ter uma [cidade], ali posta por um argumento, é ser prodigamente educado[27].

Do mesmo modo, no Novo Testamento, lemos que Pilatos, o juiz romano de Cristo, ouve falar que Cristo era da Galileia, um local fora de sua jurisdição imediata. Na Galileia, os romanos estabeleceram Herodes,

---

[27] Ver: CHESTERTON, G. K. "On the Classics", em: *Come to Think of It*. Nova York: Dodd, Mead, 1931, p. 53-58.

um rei fantoche. Pilatos, que sabia que toda essa situação de executar Cristo provavelmente seria caótica, ficou muito satisfeito com a desculpa jurisdicional de que julgar Cristo estava além de sua autoridade legal. Ele, então, o manda para a corte de Herodes para outro julgamento. Herodes era astuto. Ele havia, é claro, ouvido falar desse Jesus e estava ansioso para examiná-lo. Como o rei bárbaro da Tessália, Herodes também queria colocar Cristo em um palco. Podemos imaginar a cena quando o Cristo é levado perante a corte de Herodes. Todos estão ali, esperando algum feito, algum milagre talvez, algo que muitos haviam ouvido Cristo ter realizado. Isso daria aos súditos algo para conversar.

No entanto, diante de Herodes, Cristo permanece em total silêncio. Ele não iria "atuar". Ele não encontrou nada de genuíno em Herodes, não havia nenhuma maneira de tocar sua alma. Herodes, evidentemente, era inteligente o suficiente para entender, então ele devolveu Cristo a Pilatos. O Evangelho de Lucas observa que, até aquele momento, Herodes e Pilatos, nenhum dos quais era o pior dos homens, não eram íntimos, mas agora eles se tornaram "amigos". Ambos experimentaram esse Cristo, em silêncio perante eles, recusando-se a responder à sua falsidade. A amizade deles era de cumplicidade, a amizade de homens responsáveis rejeitando mutuamente suas responsabilidades para encontrar um consolo prazeroso em seu jogo jurisdicional letal. Se somos educados libertadoramente, não podemos deixar de ver essa "amizade" em contraposição ao conceito clássico de amizade, tal como debatido por Platão, Aristóteles e Cícero.

Temos aqui, para lembrar uma expressão que Leo Strauss (1899-1973) tornou famosa, ambos, "Jerusalém e Atenas"[28]. Ou seja, temos as duas origens de nossa cultura, a herança grega e a resposta revelacional aos seus inquietantes questionamentos a si mesmas. E essas origens são indissociáveis, por mais diferentes que sejam. O que se conhece como pensamento patrístico e medieval é delineado para explicar como esse relacionamento é possível, como o melhor de Atenas pode ser visto como algo relacionado à revelação e seus termos únicos. A compreensão desse relacionamento é o que Chesterton, certa vez, chamou de "o mais aguça-

---

[28] STRAUSS, Leo. "Jerusalem and Athens: Some Preliminary Reflections", em: *Studies in Platonic Political Philosophy*. Ed. Thomas Pangle. Chicago: University of Chicago Press, 1983, p. 147-173.

do dos prazeres intelectuais"[29]. O que é conhecido como pensamento "moderno" é, em grande parte, a tentativa de resolver as questões humanas clássicas sem recorrer a nenhuma das tradições[30]. Qualquer conceito adequado de "artes liberais" e de "educação liberal", para ser intelectualmente completo e honesto, teria que atender às tradições clássicas grega e romana, à revelação hebraica e cristã, à experiência patrística e medieval e, por fim, às reivindicações modernas, em especial, àquelas oriundas das ciências e da política, mesmo quando afirmam ser "autônomas". Os alunos que leem Platão, Aristóteles, o São Paulo, o apóstolo, e Santo Agostinho muitas vezes ficam espantados por se encontrarem mais atualizados, de certo modo, ao lê-los do que se lessem o *New York Times* ou o livro mais recente. Aquelas fontes têm a liberdade e a inteligência que de certa forma faltam a estas.

III

Estamos familiarizados com faculdades que se descrevem como de "artes liberais". Também estamos familiarizados com a distinção entre coisas livres e coisas servis. O trabalho, às vezes, é designado, mesmo na Igreja Católica, como "servil", algo a ser evitado aos domingos. Determinadas disciplinas, em particular o que é conhecido em Aristóteles como "metafísica", são chamados de temas "liberalizantes". Ocupamo-nos de uma disciplina "liberal" como essa "por amor a ela mesma", ou seja, o propósito do conhecimento adquirido "fazer" alguma coisa com ele. Apenas "saber" algo é, por si só, um prazer, ainda que muitas vezes tenhamos que aprender a apreciá-lo. Os ofícios e disciplinas "úteis", mesmo a medicina e, de certo modo, as artes e o direito, são projetadas para "produzir" ou "fazer" alguma coisa. O trabalho, embora valoroso em si mesmo, é "para" outra coisa. O martelo, ainda que possa ser, por si, um artefato com entalhes ornamentados, antes de tudo, tem como seu objetivo primeiro martelar pregos. Saber como fazer, decorar e usar um martelo é um ofício, uma relação efetuada entre a mente e a realidade.

---

[29] Ver: SCHALL, James V. "The Keenest of Intellectual Pleasures". *Gilbert*, n. 4 (Março 2001), p. 18-19.
[30] Ver: GILSON, Étienne. *Reason and Revelation in the Middle Ages*. Nova York: Scribner's, 1938.

ARTES LIBERALES - AS ARTES LIBERAIS

A noção de "escravidão", segundo a qual alguém era designado a realizar um tipo de trabalho "servil" ou tarefa, não se referia, inicialmente, a algo errado com o escravo. Em vez disso, significava que algo estava errado com a trabalho que ele era forçado a realizar porque tinha de ser feito em função da própria existência da vida humana, por mais divertido que fosse. Ninguém estava voluntariamente disposto a fazê-lo. No livro do Êxodo, lemos:

> Estabeleceu, pois, sobre eles, feitores para acabrunhá-los com trabalhos penosos: eles [os israelitas] construíram para o faraó as cidades de Pitom e Ramessés, que deviam servir de entreposto. Quanto mais os oprimiam, porém, tanto mais eles se multiplicavam e se espalhavam, a ponto de os egípcios os aborrecerem. Impunham-lhes a mais dura servidão (Ex 1, 11-13).

Em suma, os egípcios fizeram uso deles como escravos em todo o tipo de trabalho penoso. Tal escravidão, causada por invasão ou outro meio político, não sugere coisa alguma a respeito dos próprios escravos. Os professores romanos, às vezes, eram escravos gregos.

A chamada "escravidão" natural, estritamente falando, era, diferente da escravidão de cativeiro, alguém que não estava ali *causa sui* ou era responsável pelos próprios atos. Essa pessoa tinha algum defeito real e objetivo no corpo ou na mente que não podia ser remediado. Ela não podia governar a si mesma, porém, antes, tinha de ser governado por outra pessoa para o seu próprio bem, fosse a família ou o Estado. Aristóteles disse, entretanto, que, se pudéssemos inventar certas estátuas que se movessem, talvez fosse possível, algum dia, criar máquinas que fizessem muito do trabalho que os servos tinham de fazer, como tecer ou pilar[31]. Tal invenção, de fato, foi o que acabou acontecendo no que veio a ser chamado de Revolução Industrial.

Muito da libertação do trabalho pesado que experimentamos no mundo moderno é porque temos "escravos" mecânicos e tecnológicos para efetuar o trabalho que é degradante para os seres humanos. Qualquer um que gaste seu tempo envolvido em um trabalho enfadonho ou sem propósito, seja por coerção ou por escolha, seria considerado, pelos

---

[31] Aristóteles, Política, 1253b34-36

gregos, como sendo escravo, sem importar o quanto desgostamos desse termo. Ademais, como certa vez observou Yves Simon (1903-1961), se contratarmos alguém, por um salário muito alto, para cavar uma vala de 6 x 6 x 6 e depois preenchê-la de novo, apenas para recomeçar a tarefa mais uma vez, esse homem logo enlouqueceria com essa existência sem propósito. A economia moderna tem demonstrado maneiras de realizar o trabalho penoso com dignidade e lucro pelos cidadãos livres. Se pensarmos, por exemplo, nos modernos sistemas de gestão de esgoto e resíduos, vemos como o trabalho, anteriormente forçado aos escravos, pode ser realizado de outra maneira, mais humana.

    O principal comentário cristão sobre essa situação foi primeiro não negar a existência de um trabalho duro a ser feito, mas, antes, afirmar que aquele que o realizava, não obstante, podia salvar a própria alma, ou seja, alcançar as coisas mais excelsas. Da mesma forma, se um trabalho precisava ser feito, mesmo que fosse enfadonho, normalmente tinha um propósito digno, não importando quão difícil ou entediante. Esse trabalho poderia ser visto como um serviço aos pobres ou aos que precisavam dele, sem o qual a vida não poderia prosseguir. Mesmo com o maquinário adequado, como provaram os regimes totalitários modernos, sem essas duas últimas noções de salvação pessoal e de serviço objetivo, a escravidão legal nunca poderia ter sido eliminada. Sem elas, a escravidão retornará de uma forma ou de outra. O trabalhador tem sua dignidade; o trabalho tem seu propósito, mas ainda existem coisas "por si mesmas" que não são enfadonhas nem diretamente a visão beatífica. A ordem das coisas a serem conhecidas e feitas no mundo continua sendo um projeto digno, mesmo que possamos, ocasionalmente, salvar nossas almas sem elas. Também isso é parte da revelação.

    Diversas máquinas e dispositivos, de moinhos d'água a computadores e naves espaciais, foram inventados para realizar muitas das tarefas que outrora eram consideradas desumanas ou penosas. Terminamos por ter o que chamamos de "tempo livre". Nosso problema é o que fazer com isso.

    Esse tempo que agora temos disponível seria mero "passatempo"? Ou há coisas a serem feitas que não são apenas "úteis"? Essa é a questão que Platão e Aristóteles, nos tempos antigos, e Josef Pieper, nos tempos modernos, tornaram famosa com a noção de *skole* ou ócio[32]. As cidades

---

[32] PIEPER, Josef. *Leisure: The Basis of Culture*. Trad. G. Malsbary, South Bend: St. Augustine's Press, 1998.

antigas eram criticadas porque usavam escravos para realizar o trabalho servil, de modo que poucos ficavam livres o bastante para buscar outras coisas, mais nobres. As cidades modernas, com frequência, são criticadas porque estão repletas de pessoas com tempo livre que é desperdiçado em coisas frívolas. No entanto, existir tempo ocioso é uma coisa boa.

Em uma passagem famosa no segundo livro de *A República*, na cidade que se constrói no diálogo, Sócrates esboçou uma cidade suficiente em bens materiais e, de fato, abundante em bens luxuosos, todos oriundos da demanda causada pelo desejo ilimitado. Glauco, de forma mordaz, chamou essa economia abundante de "uma cidade de porcos". Ou seja, é uma cidade onde os habitantes não tinham objetivos maiores do que permanecer vivos e serem confiantes. Glauco estava ciente de que o mais importante a respeito da vida humana ainda não havia sido debatido na cidade do diálogo. No sentido clássico do termo, as "artes liberais" têm relação com essas coisas que existem em meio a ou para além da abundância. É claro, isso não nega que os esforços intelectuais e produtivos para fazer essa abundância acontecer - o livre mercado, as regras da justiça e da lei, o valor do trabalho - também são, a seus próprios modos, libertadores e nobres.

IV

As "artes liberais" têm uma história. As experiências grega e romana continuam a ser, em certo sentido, normativas. Para sermos livres, devemos continuar a estudá-las cuidadosamente. Ou seja, a leitura atenta das tradições filosófica, literária, histórica e política gregas e romanas começa e continua uma reflexão na direção do âmago das coisas que não pode ser duplicada, com maior facilidade ou elegância, por qualquer outra tradição. Isso se deve, em grande parte, ao fato de os gregos e romanos se vissem como se estivessem tratando da humanidade como tal, por mais orgulhosos que fossem por serem gregos ou romanos. A metafísica não era a metafísica "grega", mas, "Metafísica". As cidades existentes eram gregas ou romanas; a filosofia política era relativa a todas as cidades. Os princípios da "oratória" não eram romanos, mas universais.

Essa tradição tem valor em si mesma. Tem também valor porque as tradições e culturas subsequentes surgiram a partir dessa herança clássica. Eles fizeram comentários a seu respeito, reescreveram-na e, por vezes, até se opuseram a ela. As fontes iniciais foram enriquecidas pelas posteriores. O fim não se esqueceu do princípio, nem o princípio permaneceu estéril ao fim. Não foi por acidente que Cícero, como nos conta em *De Officiis* [*Dos Deveres*], que enviou seu filho, ainda que este não merecesse, para estudar em Atenas. Tampouco foi por acidente que Santo Agostinho, como ele nos conta em *As Confissões*, tenha decidido, como um jovem ousado, tornar-se filósofo por conta de um diálogo ciceroniano atualmente perdido. Da mesma maneira, não causa espanto que a principal obra de Santo Agostinho seja intitulada *A Cidade de Deus*, tanto porque dois salmos falam de tal cidade (salmos 46 e 87) quanto porque Platão escreveu *A República*. Não podemos ler Santo Agostinho sem, ao mesmo tempo, ler os gregos, os romanos, os hebreus e os cristãos. Agostinho era um homem de "saber liberal" que escreveu inclusive um diálogo chamado *De Magistro* [*Sobre o Mestre*], no qual ele apresentava o próprio filho, Agostinho ainda nos ensina, mas somente se o deixarmos.

Um dos maiores responsáveis por aquilo que conhecemos como "programas dos grandes livros", eles mesmos projetados como um esforço para "salvaguardar" a educação liberal, foi Mortimer Adler (1902-2001)[33]. "As artes liberais são tradicionalmente destinadas a desenvolver as faculdades da mente humana, aquelas forças da inteligência e da imaginação sem as quais nenhuma obra intelectual pode ser realizada". Adler escreveu:

> A educação liberal não está ligada a determinadas disciplinas acadêmicas, tais como filosofia, história, literatura, música, arte e outras das assim chamadas "humanidades". Na tradição das artes liberais, as disciplinas científicas, tais como matemática e física, são consideradas igualmente liberais, ou seja, igualmente capazes de desenvolver as potências da mente. A tradição das artes liberais remonta ao currículo medieval. Consistia em duas partes. A primeira parte, o *trivium*, inclui gramática, retórica, lógica. Ensinava as artes da leitura e da escrita, do ouvir e do falar e, do raciocínio sólido. A outra parte, o *quadrivium*, consistia em aritmética, geometria, astronomia e música (não a música audível, mas a música concebida como ciência matemática). Ensinava as artes da observação, do cálculo e das medições, como apreender o aspecto quantitativo das

---

[33] Ver WILHELMSEN, Frederick. "Great Books: Enemies of Wisdom". *Modern Age*, n. 31(Verão/Outono, 1987), p. 323-331.

coisas. Hoje em dia, é claro, podemos acrescentar muito mais ciências, naturais e sociais. Isso é apenas o que foi feito nas várias tentativas modernas de renovar a educação liberal[34].

O *trivium* e o *quadrivium* medievais indicavam o local onde três vias (*tres viae*) ou quatro vias (*quatro viae*) do conhecimento se cruzavam na mesma pessoa. O *quadrivium*, em particular, tinha relação com números - aritmética significava "número em si", geometria significava "número no espaço", música indicava "número no tempo" e astronomia indicava "número no tempo e no espaço"[35]. Sem a preparação em tais disciplinas, acreditavam os medievais, nos faltariam as ferramentas para compreender o mundo. Cada disciplina era digna de estudo por si mesma, mas, uma vez todas tivessem sido adquiridas, o aluno estava "livre" para colocar-se diante de todas as coisas como um todo, tanto no saber como no agir. Por isso a noção associada às "artes liberais" era a de "universal" ou "geral".

V

Na tradição medieval clássica, para ser um ser humano completo, existiam coisas que valiam a pena serem feitas e sabidas. O homem era um animal que livremente necessitava completar-se para ser o que pretendia ser. No entanto, essa "autorrealização" não era considerada, embora pudesse ser, um ato de orgulho ou autonomia, ou seja, um ato que fez o homem a causa da distinção nas coisas. O fato de o homem ter que se "completar" para ser o que deveria de ser era, em si, um desafio na sua própria alma. Dizia respeito à própria iniciativa e liberdade da pessoa.

A educação, além disso, não é uma "coisa". A palavra *"educere"* significa produzir, gerar ou completar alguma coisa que já havia começado pelo próprio fato de constituir-se um ser humano. Nós não nos "fazemos" como seres humanos, como Aristóteles constantemente afirmou, embora não nos façamos seres humanos bons ou maus, seres humanos completos ou incompletos. Ainda assim, a liberdade de tornar-se bom ou mau é, em

---

[34] ADLER, Mortimer. "What is Liberal Education?" <http://www.realuofe.org/libed/adler/wle.html≥, acesso em 30/mar/2020.
[35] Ver: "The Seven Liberal Arts", http://www.cosmopolis.com.villa/liberal-arts.html, acesso em 30/mar/2020.

si, uma espécie de escravidão, já que nos desvia de nossa finalidade apropriada. É por isso que o caminho para a liberdade na tradição clássica sempre foi retratado como o da aquisição de virtudes e da prevenção dos vícios correspondentes.

Para os antigos, a mente humana em si mesma tem seu próprio funcionamento adequado; uma vez "livre" para conhecer, então deveria ir em frente e conhecer. Essa era a verdadeira aventura. A mente era *capax omnium*, capaz de conhecer todas as coisas que ela não fez ou não criou por si mesma. Aristóteles observou que há um prazer próprio ligado a cada atividade humana, entre elas, a atividade do pensar e do conhecer, bem como a de sentir, desejar, fazer e transformar. Não seria errado descrever a "educação liberal" como um esforço para experimentar o próprio prazer devido ao conhecer, de acordo com o que são, *todas as coisas que* são - ver, experimentar, ouvir, tocar, cheirar, recordar, imaginar, conhecer, pensar e acreditar. "Estar aprendendo algo é um dos maiores prazeres", observou Aristóteles em uma expressão surpreendentemente acessível, "não só para o filósofo, mas para o restante da humanidade, não importando quão pequena seja sua capacidade"[36]. No entanto, desde que possamos escolher a desordem, desde que possamos rejeitar o tipo de ser que devemos ser, é bem possível sermos educados de maneira não liberal; de fato, é possível adquirir e praticar vícios em vez de virtudes, ainda que conhecendo o que cada um deles é. Com o que se pareceria uma pessoa que não adquirisse uma formação de alma apropriada?

Somos afortunados de ter descrições excelentes do homem sem educação liberal. Deixem-me fazer dois retratos - um de Platão e outro do romancista inglês Evelyn Waugh (1903-1966). Em cada uma dessas descrições, encontramos retratado um homem que certamente pode ler e escrever, que é ativo em público, e que, sem dúvida, pensa que é propriamente educado. Entretanto, em cada descrição, fica claro que à pessoa retratada falta a ordem da alma e da mente que nos permite chamá-la de "livre" e sensata na sua relação com as coisas mais excelsas.

No livro oitavo de *A República*, Platão descreve a alma do homem democrático, o homem que é "livre", ou seja, o homem sem ordem de princípio na alma. Como é o seu dia? E por quê? Como se apresenta diante dos outros? Esta é a descrição vívida de Platão.

---

[36] Aristóteles, *Tópicos*, 148b13-15

Sócrates - No entanto, em vão alguém virá lhe dizer que certos prazeres derivam de desejos belos e honestos, e outros de desejos proibidos, que é preciso procurar e honrar os primeiros, reprimir e domar os segundos. Ele responde a tudo isso com sinais de incredulidade e defende que todos os prazeres são da mesma natureza e que se deve estimá-los igualmente.
Adimanto - Na disposição de espírito em que se encontra, terá de agir desse modo.
Sócrates - Vive assim, dia após dia, e abandona-se ao desejo que se apresenta. Hoje embriaga-se ao som da flauta, amanhã beberá água pura e jejuará. Ora se exercita na ginástica, ora se entrega ao ócio e não se preocupa com nada; ora parece dedicado na filosofia. Muitas vezes ocupa-se da política e, saltando para a tribuna, diz ou faz o que lhe passa pela cabeça. Sucede-lhe entusiasmar-se pela gente de guerra, e ei-lo que se torna guerreiro. Interesse-se pelo comércio, e ei-lo que se lança nos negócios. A sua vida não conhece nem ordem, nem necessidade, mas considera-a agradável, livre, feliz e se mantém fiel a ela[37].

Seria difícil encontrar uma descrição mais contundente daquilo que o homem liberalmente educado não é. Assim é o homem que pensa que sua vida é aprazível e livre, quando é, por qualquer avaliação objetiva, exatamente o oposto.

Cada ponto da alma desordenada do jovem precisa de ênfase: vez ou outra, ele corre para se manter em forma. A seguir, entretanto, é visto com uma cerveja, descansando, na maior parte das vezes, assistindo à televisão. Um dia, após ver ou ouvir alguém, deseja ser um banqueiro, no dia seguinte, um soldado, e, um dia depois, até mesmo um filósofo. Bebe muito, depois entra em dieta e bebe somente água. Ele não nega a si mesmo prazer algum, considera todos os prazeres iguais, sigam deles boas ou más ações. Em suma, o homem não tem princípio de ordem em sua alma. Não tem como distinguir modos de vida dignos e indignos. Tal pessoa é muito perigosa tanto para si mesma quanto para o governo, exatamente porque sua alma está desordenada pela falta de disciplina e de conhecimento a respeito do que se trata a vida humana. Platão nunca se cansou de recordar ao filósofo potencial que a condição de sua cidade, em última análise, dependia da condição de sua alma. Qualquer reforma política dependia da condição

---
[37] Platão, A República VIII, 561b-d

de sua alma. Qualquer reforma política não poderia ser bem-sucedida sem a reforma pessoal. Quem quer que não tivesse compreendido essa relação não poderia ser "liberalmente" educado.

A segunda passagem que eu gostaria de citar nessa consideração a respeito do que ninguém gostaria de ser, de como uma educação falha deixa de ensinar a verdade das coisas, entre elas, as coisas humanas, provém do romance de Evelyn Waugh, *Brideshead Revisited* [*Memórias de Brideshead*][38]. No início da Segunda Guerra Mundial, Waugh teve a oportunidade de tecer comentários sobre o tipo de jovem moderno que entra para o exército. Ele, claramente, é um jovem de educação e gostos modernos, um sucessor digno da juventude democrática descrita por Platão. Esse jovem é chamado de Hooper.

> Hooper não era nenhum romântico. Quando criança, ele não havia montado o cavalo de Ruperto nem acampado junto às fogueiras para defender Xanthus; na idade em que os meus olhos estavam insensíveis para tudo, exceto para a poesia - esse interlúdio estoico falsamente revolucionário, que as nossas escolas introduzem entre as abundantes lágrimas da criança e do homem -, Hooper havia chorado muitas vezes, mas nunca pelo discurso de Henrique no dia de São Crispim, nem pelo epitáfio das Termópilas. A história que lhe ensinaram tinha poucas batalhas, mas, em vez disso, uma profusão de pormenores sobre os direitos do Homem e a recente transformação industrial. Galípoli, Balaclava, Quebec, Lepanto, Bannockburn, Roncesvales e Maratona - estas e a Batalha no Oeste, onde Artur caíra, e mais uma centena de nomes cujos clarins de glória, até mesmo agora no meu endurecido e desregrado estado de espírito, sempre me atraíram, irresistivelmente, através de todos estes anos com toda a clareza e força da adolescência, nada diziam a Hooper[39].

É evidente que Hooper não tinha educação em ciência social, carregada de estatística e de "fatos". Ele não conhecia os acontecimentos da história que deveriam ter preenchido sua imaginação juvenil. Não foi liberalmente instruído. Não era livre.

---

[38] No Brasil encontramos a seguinte edição: WAUGH, Evelyn. *Memórias de Brideshead*. Rio de Janeiro: Companhia das Letras, 1991. (N. E.)
[39] WAUGH, Evelyn. *Reviver o Passado em Brideshead*. Lisboa: Relógio d'Água, 2002, p. 21-22 (N.T.).

No livro IV da Ética a *Nicômaco*, de Aristóteles, a palavra "liberal", inicialmente, tinha relação com os bens materiais. Aristóteles via que o homem, para ser virtuoso, precisava de uma certa quantidade de bens materiais. Ele também entendia que revelamos nossas almas pelo modo como lidamos com os bens materiais, grandes e pequenos, que temos. A palavra grega *eleutheria* referia-se àquela virtude pela qual regemos nossos bens materiais de modo a que possamos atingir nossos propósitos mais sublimes pelo uso apropriado. A palavra, às vezes, é traduzida como "generosidade" ou "liberalidade". Ela tem duas acepções: a pessoa com uma riqueza comum e a pessoa com uma riqueza imensa. Aristóteles não estava particularmente preocupado com o fato de algumas pessoas terem mais riquezas que outras. Não reconhecia uma "opção preferencial pelo pobre" e, talvez, os tenha servido melhor por causa disso. Em vez disso, estava preocupado com o modo como a riqueza era utilizada. Liberalidade ou generosidade é uma virtude exatamente porque visa libertar-nos de nós mesmos, permitir-nos ver que o que possuímos também é partilhado com outros não só para o bem deles, mas para o prazer.

"Liberdade de acolher a verdade, sem obstáculos por parte de nossa mente, por certo, é um raro privilégio", escreveu Yves Simon em um ensaio perceptivo chamado "Liberdade do Eu":

> Que a liberdade humana deva ser restrita à ordem mais excelsa da relação da mente com a verdade é um desastre moral e metafísico de primeira magnitude. Conhecer é a melhor oportunidade de a criatura superar a lei do não ser, a desgraça infligida por esse motivo sobre a diversidade real "daquilo que é" e o "ser". Uma coisa que não é Deus não pode *ser*, exceto às expensas de *não ser o que não é*. Não pode ser, exceto por ser privado de ilimitadas e muitas formas e perfeições. Para essa situação, o conhecimento, nas palavras de Santo Tomás, é um remédio, à medida que, como todo sujeito conhecedor é capaz de ter, além e acima da própria forma, as formas de outras coisas. Esse remédio é, por assim dizer, completo, no caso do conhecimento intelectual, pois seres inteligentes podem ter a forma de todas as coisas e ser, espiritual, intencional, transubjetiva e objetivamente, todas as coisas[40].

---

[40] SIMON, Yves. "Freedom from the Self". *A General Theory of Authority*. Notre Dame: University of Notre Dame Press, 1980, p. 151-152. A referência a Santo Tomás está em *De Veritate* 2,2.

A liberdade do eu é primeiramente necessária para que possamos ter a liberdade para os outros, a liberdade para conhecer *aquilo que é*.

Não podemos ser o tipo de ser que somos a menos que não sejamos outras coisas. Assim, está bem ser o que somos. Entretanto, aquilo que somos contém essa mente com seu *capax omnium*, com essa capacidade de conhecer *tudo aquilo que existe*. É essa liberdade excitante de levar em nossas almas o que não somos, de assimilar sem mudar ou destruir o que absorvemos, que constitui o propósito das artes liberais, que são planejadas para nos ensinar como estarmos abertos aos vários níveis do ser[41].

IV

Donald Kagan registrou os vários significados que foram dados ao termo "artes liberais" ou "educação liberal". Em geral, o termo continha as ideias: 1) de que o conhecimento é seu próprio propósito, um fim em si mesmo, que é bom conhecer; 2) que liberdade significa ter as virtudes pelas quais podemos guiar a nós mesmos; 3) que o conhecimento contém algo útil, um modo digno de traçar um caminho no mundo; e 4) que esse aprendizado liberal tem um componente político, o ideal de viver em uma sociedade livre, de participar no governo e de ser governado[42]. A noção romana de educação era de orientação mais prática que a visão grega clássica. Os romanos enfatizavam a capacidade da fala, da eloquência. Aristóteles havia dito na sua *Retórica* que um homem deveria ser capaz de defender-se tanto com a sua fala quanto com as suas armas.

A universidade medieval, ao recém-descobrir Aristóteles e familiarizar-se com a revelação e com a herança clássica por intermédio dos pais da igreja, considerava que a educação liberal lidava com todas as coisas já descobertas. A fonte da verdade era Deus, conhecido pela razão, bem como pela revelação. Os estudos da lógica e da dialética eram a melhor maneira de preparar-se para compreender o que era conhecido. As *summae* e *curricula* medievais, ainda que não negassem as coisas práticas, tentavam organizar

---

[41] Sobre esse assunto, ver: Schumacher, E. F. *A Guide for the Perplexed*. Nova York: Harper Colophon, 1977.
[42] KAGAN, Donald. "What is a Liberal Education?". *The McDermot Papers*. Irving: University of Dallas, 2001.

tudo o que o homem conhecia em um todo ordenado e interrelacionado[43]. A noção renascentista de uma educação liberal era, em parte, um esforço para retornar aos antigos subtraindo-se o adendo da revelação, ainda que minimizando a noção grega de vida contemplativa. Havia um reavivamento da noção do primado da cidade e suas demandas. O foco, mais uma vez, tornara-se "mundano". Por fim, a educação moderna estava mais interessada naquilo que ainda não era conhecido. O "método científico" enfatizava não o que fora revelado ou o que era previamente conhecido, ou mesmo o que era útil para a cidade, mas "as coisas novas". Com a disseminação do "método científico" em todas as disciplinas, incluindo as liberais, com sua implicação de "progresso", propunha-se que o segredo para a educação geral estava à mão.

A universidade moderna é "liberal" no sentido de que não tem nenhum princípio de ordem. Nenhum departamento ou ramo do conhecimento parece ter prioridade alguma sobre o outro. Cada disciplina tem em comum apenas o que preserva de si mesma. Nesse contexto, torna-se quase impossível ter uma "educação liberal" no sentido clássico. Não só os grandes livros parecem contradizer uns aos outros, mas, igualmente, as "verdades" que são ensinadas nas várias disciplinas[44]. O primado do relativismo como base para a educação democrática parece fluir da condição do conhecimento moderno, como fluiu da noção de Aristóteles de que a "democracia" estava baseada na compreensão de liberdade que não tinha ordem alguma, senão a das próprias escolhas. As universidades, talvez, sejam úteis como um local para a preparação de uma elite de alunos que irão ganhar, por meio de uma espécie de herança aristocrática, o controle de determinadas profissões e ofícios na economia e na política. Entretanto, não oferecem uma "educação liberal" genuína. Não só os clássicos e a revelação são considerados inadmissíveis como normas ou cânones para a educação de todos, mas as próprias ciências nunca sabem o que poderão ser no futuro. A conclusão dessa observação não é que não haja espaço para a educação

---

[43] Para um tratamento ainda magistral sobre o tópico: LINS, Joseph. "The Seven Liberal Arts". *The Catholic Encyclopedia*. Nova York: Appleton, 1912, Vol. I, p. 760-765.
[44] Ver: STRAUSS, Leo. "What is Liberal Education?", *Liberalism: Ancient and Modern*. Chicago: University of Chicago Press, 1968, p. 3-8.

liberal, mas que seu espaço nem sempre, ou mesmo comumente, pode ser encontrado nas instituições acadêmicas[45].

VII

Somos, é claro, relutantes em admitir que a questão da "educação liberal", das "artes liberais", das coisas que nos libertam da escravidão do eu e de nos contentarmos com o que é meramente útil não tem remédio. A educação liberal não é uma "especialidade". Não é o que é chamado de "especialização universitária". Melhor, está enraizada em uma espécie de *eros* intelectual que encontramos em Platão, no "fascínio" que, segundo Aristóteles, estimula todo pensamento no impulso por conhecer o que reorientou a vida do jovem Agostinho quando leu Cícero. Esse *eros* está por trás de tudo que fazemos, já que todas as coisas são dignas de ser conhecidas. Jacques Maritain (1882-1973) expôs, sem rodeios, a questão: "Grandes poetas e pensadores são os pais adotivos da inteligência. Apartemo-nos deles, e nos tornaremos, simplesmente, bárbaros"[46]. Que não sejamos bárbaros, que não nos apartemos dos grandes poetas e pensadores, é o que significa ser "livre", *conhecer as coisas que existem*.

As artes liberais têm alguma relação tanto com a solidão como com a cidade. Cícero começou a terceira parte do seu famoso *De Officiis* [*Dos Deveres*] com essas palavras memoráveis:

> Publius Cornelius Scipio, o primeiro da família a ser chamado de Africanus, costumava observar que ele nunca ficava menos ocioso do que quando não tinha nada para fazer, e nunca menos solitário do que quando ele estava sozinho[47].

Por outro lado, sentimos a atração da cidade nesta passagem de Boswell. Ele e Samuel Johnson tinham pernoitado em St. Albans. No dia seguinte, 29 de março de 1776, Boswell escreve: "Desfrutei do luxo de nos

---

[45] Ver: Schall, James V. *Another Sort of Learning*. São Francisco: Ignatius Press, 1988; idem, *A Student's Guide to Liberal Learning*. Wilmington: ISI Books, 1997.
[46] MARITAIN, Jacques. "Education and the Humanities", in: *The Education of Man: The Educational Philosophy of Jacques Maritain*. Donald e Idela Gallagher (eds.). Garden City: Doubleday, 1962, p. 85.
[47] CÍCERO, Marco Túlio. *Dos Deveres*. São Paulo: Martins Fontes, 1999, p. 127. (N. T.).

aproximarmos de Londres, aquela metrópole que ambos tanto amávamos pelo elevado e variado prazer intelectual que oferecia"[48]. Aqui encontramos o tema clássico de que existem prazeres intelectuais genuínos que podem ser encontrados também nas cidades. É claro, a leitura e releitura tanto de Cícero como de *A Vida de Johnson*, de Boswell, podem, por si sós, ser consideradas uma educação liberal. Há mais, mas esses são bons pontos de partida, de fato, bons pontos de chegada em uma tal iniciativa. Grandes pensadores, sem dúvida, podem estar e têm estado em erro. Aristóteles, que conhecia a preocupação de Platão de que os poetas podem nos corromper, compreendeu que o conhecimento do erro - até mesmo do grande erro - não é algo que devamos rejeitar conhecer. É parte do ser livre.

> Devemos considerá-lo, no entanto, não só à luz da nossa conclusão e das nossas premissas", observou Aristóteles, "mas também do que a seu respeito se costuma dizer; pois, com uma opinião verdadeira, todos os dados se harmonizam, mas, com uma opinião falsa, os fatos não tardam a entrar em conflito[49].

A história do erro, a história da heresia (e penso no *Hereges*, de Chesterton), é tanto uma parte da educação liberal como é a história da verdade. A leitura daquilo que é de fato erro também é uma maneira de nos mantermos sãos. Uma parte considerável de sermos inteligentes e virtuosos consiste em conhecer aquilo que é não ser inteligente e perverso, em especial, nos termos vívidos dados pela literatura.

A não ser que compreendamos os argumentos contra a verdade, não compreenderemos plenamente a própria verdade. E os argumentos contra a verdade podem ser muito persuasivos. O cardeal Joseph Ratzinger, agora Papa Bento XVI[50], ele mesmo um homem de boa educação e de erudição liberal, deu um bom exemplo dessa consciência de como faz parte de ser livre o conhecer para onde nos levam as ideias. "O problema

---

[48] BOSWELL, James. *Life of Johnson*. Londres: Oxford, 1931, II, p. 3.
[49] ARISTÓTELES. Ética a *Nicômaco*. Trad. Leonel Valandro e Gerd Bornheim. São Paulo: Nova Cultural, 1991, Livro I, 8. (N. T.).
[50] Segundo a Tradição católica romana, após um candidato assumir o posto de Papa, ele adota outro nome que faz referência a algum santo, pontífice ou sumidade que ele se identifica ou quer se espelhar. (N. E.)

central de nossa época", observou ele em 6 de outubro de 2001, no sínodo dos bispos em Roma,

> é o esvaziamento da figura histórica de Jesus. Começa com a negação do nascimento virginal, depois a ressurreição torna-se um acontecimento espiritual, e então a consciência do Cristo de ser o Filho de Deus é negada, deixando-O somente com as palavras de um rabino. Nessa altura, a Eucaristia cai por terra e torna-se somente um jantar de despedida.

John Henry Newman (1801-1890), cujo livro *The Idea of a University* [*A Ideia de uma Universidade*][51] está no âmago de qualquer debate moderno sobre artes liberais, apresentou esse ponto sobre a diferença entre educação liberal e salvação[52]:

> Não importa quão valiosas sejam as virtudes naturais, elas, por si sós, não garantem a excelência sobrenatural. Um cavalheiro, mesmo que, talvez, extremamente refinado, ainda pode perder a sua alma[53].

Essa é outra maneira de dizer que o homem tem um destino mais elevado que a perfeição neste mundo. De fato, isso sugere que a perfeição, mesmo neste mundo, não é completa sem atenção ao propósito último do homem. Qualquer educação pode abruptamente deixar de atender a esse propósito mais excelso, mas assim o faz à custa de ignorar o que é verdadeiro neste mundo, sempre nos apontando para algo mais elevado.

Aristóteles deu muitas pistas de que algo mais era "devido" à natureza humana do que lhe havia sido dado, embora não estivesse bem certo do que era.

> Uma tal vida [contemplativa] seria superior ao homem. Pois alguém irá vivê-la não na medida em que é um ser humano, mas na medida em que tem algo de divino em si[54].

---

[51] No Brasil encontramos a seguinte edição: NEWMAN, São John Henry. *A Idéia de uma Universidade*. Campinas, São Paulo: Editora Ecclesiae, 2020. (N. E.)
[52] NEWMAN, John Henry. *The Idea of a University*. Garden City: Doubleday, 1959, p. 144.
[53] *Ibidem*, p. 145.
[54] ARISTÓTELES. Ética a *Nicômaco. Op. cit.*, Livro X, 7. (N. E.)

Essa passagem sugere por que pode ser "iliberal" não incluir tudo o que podemos conhecer sobre o homem em nossa educação para "libertá--lo". As melhores explicações "naturais" de nossa condição como seres humanos parecem ter ciência de que nos falta algo, não meramente por conta de certa "perversidade" da qual Aristóteles estava ciente, mas porque nada do que encontramos em nossos modos ordinários parecem nos satisfazer[55]. Isso, mais uma vez, é o realismo agostiniano[56].

Uma educação que não inclui explicações e a compreensão do que somos falha em nos dar as ferramentas intelectuais necessárias e a informação completa para nos explicarmos a nós mesmos. Explicar um homem a si mesmo é o propósito central de qualquer forma de educação liberal. É, também, como costumava dizer João Paulo II (1920-2005)[57], o propósito do cristianismo. A literatura cristã pressupõe certas questões não respondidas, muitas vezes brilhantes, que já ocorreram à mente humana antes mesmo da existência do próprio cristianismo. O homem liberalmente educado conhece essas questões clássicas assim que surgem em qualquer alma, incluindo a sua. Um cristão liberalmente educado não pode compreender a própria revelação se também não conhecer a força dessas questões clássicas.

Concluindo, as artes liberais abrangem o *eros* intelectual que é inquieto por não conhecer o que é verdadeiro. Se lermos as descrições desse *eros* filosófico juntamente com a proposição revelacional de que *homo non proprie humanus sed superhumanus est*[58], podemos, ao menos, vir a suspeitar que esse desassossego é algo que lá está desde o princípio. É por isso que ser livre - ou seja, ser "liberalmente educado" para praticar as verdadeiras "artes liberais" - é estar aberto a algo que não existe em nós mesmos, que não é feito por nós. A história da humanidade é mais um drama da sua receptividade do que da sua criatividade, embora seja isso também.

---

[55] Aristóteles, Política, 1267bI.
[56] Ver: DEANE, Herbert. *The Political and Social Ideas of St. Augustine*. Nova York: Columbia University Press, 1956.
[57] Karol Józef Wojtyła, mais conhecido como Papa João Paulo II, foi canonizado pela Igreja Católica em 1º de maio de 2011, a partir de um decreto papal assinado pelo Papa Bento XVI. A partir de então o papa polonês começou a ser denominado sob o título de São João Paulo II; sendo firmado, também por Bento XVI, que todo dia 22 de outubro os fiéis e a Igreja lembrarão e prestarão honras litúrgicas ao santo João Paulo II. (N. E.)
[58] "O homem não é propriamente humano, mas sobre-humano", in: SANTO TOMÁS DE AQUINO. *De Virtutibus Cardinalibus*, I.

A palavra final, creio, deveria pertencer a Aristóteles, o homem que mais nos tornou conscientes de que há uma ordem nas coisas. Escreveu ele na Ética:

> Pois a autossuficiência e a ação não dependem do excesso, e podemos praticar atos nobres mesmo sem reinarmos sobre a terra e o mar; pois, mesmo a partir de circunstâncias módicas, podemos praticar ações que expressam virtude[59].

Pessoas comuns podem empreender ações que expressem virtude; elas podem conhecer *aquilo que existe*. O lado revelacional desse mesmo princípio é, simplesmente, de que todos, rei ou indigente, podem - com a graça - salvar a própria alma. Se combinarmos esses dois princípios, temos a essência daquilo que é ser livre, livre, tanto para conhecer como é o mundo como para conhecer o próprio destino.

---

[59] ARISTÓTELES. Ética a *Nicômaco. Op. cit.*, Livro X, 7. (N. T.).

CAPÍTULO 4

CAPÍTULO 4

Sobre Cuidar da Própria Sabedoria

Boswell: — Ao associar-me convosco, senhor, sempre tenho um acesso de sabedoria.
No entanto, talvez um homem, após conhecer o próprio caráter, a força limitada da sua própria mente, não deva ser desejoso de ter demasiada sabedoria.

Johnson: — Senhor, sê tão sábio quanto podes; deixa o homem ter aliis laetus, sapiens sibi. Pode ser sábio em teus estudos pela manhã e feliz em companhia na taverna à noite. Todo homem tem de cuidar da própria sabedoria e da própria virtude, sem importar-se demasiado com o que pensam os outros.

BOSWELL, LIFE OF JOHNSON.

> Pois já eram decorridos muitos anos, talvez uns doze, desde a idade de dezenove anos, quando, ao ler o Hortênsio de Cícero, eu me sentira inclinado ao estudo da Sabedoria[60].
>
> **SANTO AGOSTINHO, CONFISSÕES.**

> A operação própria do homem como homem é compreender, por razão disso [desse entendimento] que ele difere de todas as outras coisas.
>
> **SANTO TOMÁS DE AQUINO, COMENTÁRIOS SOBRE A METAFÍSICA DE ARISTÓTELES.**

I

Os livros que lemos, as próprias artes liberais, são, em última análise, delineadas para nos ensinar a ser sábios - a mais excelsa das virtudes, como nos diz Aristóteles no sexto livro da Ética. Quando algumas coisas acontecem bem diante de nossos olhos, devemos, obviamente, estar preparados para notá-las ou apreciá-las. Ou afirmando o mesmo princípio de maneira oposta, é bem possível não prestar atenção às coisas maiores da existência humana mesmo quando acontecem bem diante de nós. Assim é o nosso destino.

Em uma tirinha antiga de *Miss Peach* (para demonstrar de outra maneira esse ponto de notar e não notar), vemos Francine e suas amigas ouvindo rádio. O noticiário vespertino anuncia de modo alvoroçado que

---

[60] SANTO AGOSTINHO. *Confissões*. Coleção Patrística vol. 10. São Paulo: Paulus, 1997, Livro VIII, 7.

"uma enchente está tomando furiosamente o lado oeste da cidade; um terremoto começa a ressoar novamente".

Na cena seguinte, Francine diz, com alguma preocupação, "Olha só, eu acabei de me dar conta de que Arthur está naquela parte da cidade". As meninas, é claro, não creem que Arthur seja extremamente rápido. Ele aparece de repente. Perguntam-lhe: "Arthur, você acabou de chegar do outro lado da cidade?" "Sim", responde. "Sério? Você viu a enchente? E o terremoto?" Modestamente, responde Arthur, "Ah, sim". "Você viu? Tirou fotos? Você tomou nota?" "Não", admite Arthur.

A cada resposta incrível, Francine pergunta: "Você não fez? Então, ao menos, se lembra de forma nítida?", "Pode nos contar alguma coisa sobre isso?", pergunta outra menina. "É... Não muito bem", confessa Arthur. Essa falta de atenção enfurece as meninas. "O quê?! Seu idiota! Você esteve exatamente no meio do maior desastre natural em anos e não tem absolutamente nenhuma opinião a respeito disso?!" As três meninas dão as costas a um Arthur perplexo. "Tolo!", "Pateta!", "Cabeça-dura insensível!", gritam elas. A seguir, Arthur é visto sozinho, um tanto perplexo. Por fim, na última cena, ao defender-se, protesta, "Ninguém me disse que era uma experiência!"[61].

Algumas "experiências", as mais importantes, ninguém precisa nos contar. Suponho que esse seja o verdadeiro significado da breve citação de Santo Tomás de Aquino, "a operação própria do homem como homem é compreender, pois, por causa desse [entendimento], ele se diferencia de todas as outras coisas". Somos os seres cujo propósito peculiar, de fato, cujo deleite peculiar é compreendermos, em primeiro lugar, o que não está em nós mesmos e, por intermédio disso, compreendemos também a nós mesmos. O primeiro passo é a consciência de que algo aconteceu, não necessariamente "o maior desastre natural em anos", mas algum acontecimento real, alguma experiência.

II

Na famosa cena das *Confissões*, Santo Agostinho nos relata sua ida a *Villa* de Cassiacum, perto do lago Como, na Itália. Ele sabia que chegara a uma espécie de crise, mais da vontade que do intelecto. Reconhecia, recor-

---

[61] LAZARUS, Mel. *Miss Peach, Again*. Nova York: Grosset, 1972.

dando a decisão adolescente a que chegou após ler Cícero, que seu propósito era tornar-se "sábio", mas, francamente admitiu, "e mesmo agora não me decidia a desprezar a felicidade puramente terrena"[62]. Olhando ao redor e buscando encontrar alguma maneira de solucionar suas dificuldades íntimas, ele, por fim, foi para o jardim da *villa* onde, inesperadamente, ouviu a voz de uma criança a lhe dizer "Pega o livro e lê"[63]. Ele abriu um livro que continha as cartas do apóstolo Paulo. Ele tomou as primeiras linhas com que seus olhos se depararam como proféticas para sua vida pessoal. Elas pareciam ser precisamente direcionadas a ele, naquela ocasião específica de sua vida. Ele tinha, na época, uns trinta anos.

As primeiras palavras que Agostinho viu foram as seguintes, da Carta de Paulo aos Romanos: "não em orgias e bebedeiras, nem na devassidão e libertinagem, nem nas rixas e ciúmes. Mas revesti-vos do Senhor Jesus Cristo e não procureis satisfazer os desejos da carne"[64]. Naturalmente, já que a passagem contina uma descrição bastante precisa do que exatamente o jovem Agostinho estivera fazendo nos últimos anos, ele, por fim, embora relutante, decidiu, de pronto, mudar seus modos. Estava, em termos platônicos, pronto a "voltar-se" para encarar a realidade, muitas vezes, a tarefa mais difícil da vida.

O motivo de citar essa passagem de Agostinho para prosseguir nas considerações do que chamo, em geral, de "aprendizado liberal" é porque decidi empregar o mesmo método de seleção que Agostinho empregou para encontrar essa passagem da Epístola aos Romanos. Entretanto, usei a *Vida de Johnson* em vez da Epístola de Paulo, não que eu tenha nada contra os romanos! Assim, tomei minha velha cópia surrada de Boswell, como vimos, da biblioteca da St. Peter's High School, em São Petersburgo e a abri. As primeiras palavras que vi foram as da conversa entre Boswell e Johnson acerca da sabedoria e da própria responsabilidade da pessoa em obtê-la. Essa sabedoria é, afinal, a finalidade do aprendizado liberal.

A passagem em Boswell, de fato, é surpreendentemente paralela à passagem de Agostinho em que ele nos conta como a leitura ocasional de um diálogo, agora perdido, de Cícero em uma cidadezinha no Norte da África tocou sua alma. Desse encontro fortuito com Cícero, Agostinho,

---

[62] *Ibidem*, Livro VIII, 7.
[63] *Ibidem*, Livro VIII, 12.
[64] Romanos 13,13 e *Confissões*, Livro VIII, 12.

como vimos anteriormente, desejou ser, nada menos que, um filósofo. Essa "mudança de direção" da alma de Agostinho, para usar a expressão platônica, foi um acontecimento memorável na história da humanidade, como, de fato, foram os próprios escritos de Cícero. Algo mudara na alma de Agostinho, muito embora ele tivesse um longo caminho a percorrer. A principal coisa que o impediu de tornar-se logo um filósofo era o modo como vivia. Há uma relação entre como vivemos e o que vemos, entre como vivemos e nossa disposição em afirmar a verdade. Queremos inventar uma filosofia para justificar os caminhos que escolhemos, em vez de escolher reger-nos segundo uma filosofia verdadeira e perene.

No caso de Boswell, como lemos na obra *London and Continental Journals*, sua juventude transcorreu de uma maneira bem mais turbulenta e ainda mais "na alcova" que a do jovem Agostinho, que, ao menos, foi fiel à sua desconhecida concubina enquanto durou o relacionamento. Entretanto, não diferente de Agostinho com Santo Ambrósio (340-397), Boswell encontrou em Johnson alguém da estatura até mesmo de um Sócrates, e sabia disso. Como Adimanto e Glauco ao encontrarem-se com Sócrates no segundo livro de *A República*, Boswell sabia que deveria falar com o homem tanto quanto possível. Felizmente, para nós, ele também registrou essas conversas em seus diários. As coisas mais excelsas podem nos atingir quando estamos despreparados para elas, até mesmo quando somos delas indignos; mas, é claro, as coisas mais elevadas sempre têm o potencial de fazer-nos mudar de direção se escolhermos deixar que elas assim o façam. Não somos, por natureza, fechados em nós mesmos, mas, seres "autoabertos". Boswell duvida francamente das próprias resoluções e de sua persistência em alcançar a sabedoria. Sua mente, crê, tinha apenas uma "força limitada". Johnson dá ouvidos a esses protestos um tanto vãos. Não aceita seu espírito, e é por isso que Johnson é um grande filósofo.

Ao contrário, Johnson diz a Boswell para ser tão sábio quanto "possa". Justamente porque não somos um Aristóteles, não há motivos para que nada façamos ou pouco façamos com o que nos é dado. Cada vida tem a própria aventura intelectual destinada a encontrar a verdade e vivê-la. Devemos, na verdade, recordar a expressão latina de Johnson, *aliis laetus, sapiens sibi*, apresente um "rosto feliz aos outros, mas a sabedoria a nós mesmos". Johnson sabia a diferença entre o estudo pela manhã e a taverna à noite. Não estava depreciando a taverna, pois a taverna também é um local de conversação, muitas vezes profunda, como qualquer leitor de Boswell logo aprende. Devemos, entretanto, "cuidar de nossa própria sabedoria". É somente pela atividade de nossas mentes, meio pelo qual intencionalmente possuímos o universo, que a sabedoria pode tornar-se nossa. Esse conhecimento é a razão de Aristóteles, mais uma vez, definir a mente humana como o poder pelo qual somos capazes de conhecer todas as coisas.

Johnson não se tornou, ao dizer-nos para cuidarmos de nossa própria sabedoria, um relativista moderno que pensa que qualquer coisa que apreendamos é, só por isso, "sabedoria". Pelo contrário, ele indica que somos, em última análise, responsáveis pelo próprio aprendizado daquilo que é verdadeiro. O que nós realmente não queremos afirmar é que qualquer coisa que venhamos a pensar seja, por essa razão, verdadeira. Se todos pensassem assim, não haveria conversação, nem busca, nem verdade. Se perdermos o entusiasmo pela própria verdade, isso é, em grande parte, culpa nossa, apesar de muitos de nós precisarmos da ajuda de bons hábitos e de bons professores (às vezes, vivos, mas com mais frequência dos mortos). Não devemos nos desviar dessa busca por nossa timidez ou pelo ponto de vista dos outros. Não devemos nos "importar" com o que os outros pensam de nossa busca - desde que, como Agostinho, sejamos atingidos pela necessidade de buscar, primeiramente, a filosofia.

Essa atenção à sabedoria significa que necessitamos em nossas almas de uma filosofia genuína, uma erudição genuína, se desejarem, que nos permita buscar e, sim, conhecer o que é verdadeiramente digno de ser conhecido. Assim, relembrando os exemplos de Agostinho e Boswell, precisamos primeiro ouvir em nossas almas um "chamado a ser sábios". Não concebo esse "chamado" como uma espécie de voz noturna a sussurrar do lado de fora da janela, "Sê sábio, Schall!", muito embora algo como isso pareça ter ocorrido a Agostinho, e mesmo a Paulo e Sócrates. No entanto, isso se manifesta, invariavelmente, por alguma inquietação em nossas almas, um senso de que somos feitos para conhecer, mas que, na verdade, ainda não conhecemos.

Quando somos jovens, geralmente, aprendemos que temos o "poder" ou a "capacidade" de saber quando, pela primeira vez, aprendemos alguma coisa. Tornar-nos cientes desse conhecimento era o propósito do exercício dos três dedos no livro VII de *A República*, em que começamos a ver que longo não é curto, que um não é dois, e que podemos distinguir uma coisa da outra. Quanto mais profundo o "experimento" - para empregar a palavra de Arthur - como descrita por Agostinho ou Boswell, posteriormente nos vem a súbita percepção de que o que não conhecemos é posto lado a lado com a suspeita de que podemos conhecer a verdade das coisas. Como disse Platão, não desejamos mentir a nossas almas sobre as coisas mais importantes, não queremos mentir a nós mesmos sobre *o que existe* - aos outros, talvez, às vezes, desejemos mentir, mas não para nós mesmos.

Santo Tomás de Aquino registra uma expressão famosa no início de seu *Comentário à Ética de Aristóteles*. Lê-se, *sapientis est ordinare*; "é tarefa do homem sábio ordenar as coisas". Eu sugeriria, então, que nosso primeiro "chamado" à sabedoria é precisamente esse desassossego que encontramos em nossas almas quando começamos nos perguntar se as coisas são ordenadas e, se sim, como as coisas são ordenadas. Como o mundo é feito? Como é possível que eu seja do tipo de ser que sou, um ser que pode fazer essa pergunta? O tipo de experiência a que me refiro aqui, suspeito, não acontece, normalmente, muito antes dos dezenove ou vinte anos. Platão nos adverte sobre confrontar tais questões filosóficas quando somos muito jovens. Creio menos ainda que nos tornamos sábios em tão tenra idade. Não é por acidente que a tradição associa a velhice à sabedoria. Um "senado" significa literalmente uma câmara repleta de anciãos e, portanto, presumivelmente, sábios - aqueles que aprenderam. Entretanto, essa mesma tradição não nega que, na prática, alguns senadores sejam tolos ou corruptos, como nos lembra Cícero no famoso discurso "Contra Verres". Essas são experiências que nos tornam "sábios antes do tempo", mas preferimos não as ter tão cedo.

III

Certa vez, quando eu ainda estava em Roma, ganhei um livro de Gilbert Highet (1906-1978), o grande professor de latim da Universidade de Colúmbia. Chamava-se *Poets in a Landscape: The Great Latin Poets in the Italy of Today* [*Poetas na Paisagem: Os Grandes Poetas Latinos na Itália de Hoje*]. A minha cópia havia sido publicada, pela primeira vez em Londres, em 1957, pela Hamish Hamilton. Os poetas com quem Highet lidava eram Catulo (87 ou 84-57 ou 54 a.C.), Virgílio (70-19 a.C.), Propércio (43 a.C. -17 d.C.), Horácio (65-8 a.C.), Tíbulo (54-19 a.C.), Ovídio (43 a.C. - 17 ou 18 d.C.) e Juvenal (I e II d.C.). Juvenal, cujo nome completo era Decimus Junius Juvenalis, nasceu, evidentemente, perto de Roccaseca (ou rocha seca), durante o reinado do imperador Nero, por volta do ano 60 d.C.. A cidade grande mais próxima de Roccaseca era Aquinum; esta, não muito longe de Arpinum, onde nasceu Cícero. Assim, Juvenal veio da mesma localidade escarpada que, onze séculos depois, deu à luz a Tomás de Aquino. Juvenal era um soldado, mas nunca chegou aos altos escalões da sociedade romana. Em um determinado momento, exilado no Egito, ele se torna famoso por suas sátiras; sua poesia é repleta de decepções pessoais.

A descrição elegante de Highet sobre Juvenal tem algo tocante e pungente. Ele aborda um tema que já sugeri - a relação entre fama e sabedoria. "Quando iniciou a sua carreira, ele não tinha intenção de se tornar um poeta", Highet nos informa:

> Ele queria ser algo muito maior: um oficial do governo romano. Somente quando fracassou na primeira ambição, foi que ele se voltou para a poesia. E, mesmo então, era um fracasso comparativo - a julgar pelas próprias ambições ousadas e pelo desafio retumbante para poetas rivais. Durante a sua vida, suas sátiras praticamente não produziram qualquer efeito. Após a sua morte, elas foram esquecidas por quase duzentos anos. Ele ficaria perplexo, acostumado como estava às decepções amargas e às reviravoltas irônicas do destino, saber que séculos depois de ter morrido, os romanos redescobririam seus poemas[65].

Uma das lições permanentes da história do pensamento é que os sábios nem sempre, ou quase nunca, são reconhecidos ao longo das suas próprias vidas. *Sic transit gloria mundi*. Ou seja, existe uma diferença entre fama e sabedoria.

Sim, a fama deve acompanhar a sabedoria, o pensamento acompanhar o ato. O que é digno de ser reconhecido deve, de fato, ser reconhecido. Em certo sentido, o que há de terrível no vício da inveja é precisamente saber algo ou conhecer alguém digno de honra, mas recusar-se em reconhecer isso. A inveja é um vício muito mais perigoso do que, digamos, a ganância, pois está mais próxima do espírito, do nosso livre arbítrio. Ainda assim, permanece a marca da sabedoria para preferir a verdade à fama, para preferir a obscuridade à publicidade que não seja baseada na verdade, para reconhecer os perigos da vaidade.

---

[65] HIGHET, Gilbert. *Poets in a Landscape*. Londres: Hamish Hamilton, 1957, p. 198.

Uma das sátiras mais famosas de Juvenal é *Sobre a vaidade das ambições humanas*. Ela foi traduzida pelo grande poeta inglês John Dryden (1631-1700), em 1693.

> *'Tis plain from hence that what our Vows request,*
> *Are hurtful things, or Useless at the best.*
> *Some ask for Envy'd Pow'r; which publick Hate*
> *Pursues, and hurries headlong to their Fate:*
> *Down go the Titles; and the Statue Crown'd,*
> *Is by base Hands in the next River Drown'd*[66].

O tema da vaidade dos desejos ou ambições humanas, é claro, reflete uma consciência de que nossos desejos fracassados, talvez até de nossos sucessos, apontem para um outro destino.

Acontece que, é claro, Samuel Johnson, em janeiro de 1749, publicou o seu *The Vanity of Human Wishes* [*A Vaidade dos Desejos Humanos*] como imitação da décima sátira de Juvenal. Assim como Agostinho pôde ser tocado por Cícero, da mesma maneira, Johnson pôde ser impressionado por Juvenal. Boswell comenta que Johnson parecia ter memorizado todas as *Sátiras* de Juvenal. Embora alguns considerassem este poema de Johnson bastante pesado, o próprio Boswell reconheceu sua grandeza:

> *A Vaidade dos Desejos Humanos* é, na opinião dos melhores juízes, o maior esforço de poesia ética que qualquer linguagem pode apresentar. Os exemplos da variedade de frustrações são escolhidos de modo tão judicioso e pintados de maneira tão forte que, no momento em que são lidos, persuadem todas as mentes pensantes[67].

---

[66] Em tradução livre, o poema de Dryden, diria:

"É óbvio, daí, que aquilo que *nossos votos demandam* / *São coisas nocivas, ou, quando muito, inúteis.* / *Alguns pedem um poder invejado: que busca o ódio público* / *Persegue e precipita seu destino:* / *Por terra caem os títulos e a estátua coroada,* / É, por mãos vis, no próximo rio, afundada". Entretanto, em latim esse trecho da Sátira X de Juvenal é "*ergo superuacua aut quae perniciosa petuntur? / propter quae fas est genua incerare deorum? / quosdam praecipitat subiecta potentia magnae / inuidiae, mergit longa atque insignis honorum pagina*", que, de modo mais literal do que na tradução de Dryden poderia ser vertido como: "*Vãos, pois, ou nocivos são os votos / Pelos quais nos pomos de joelhos aos deuses? / Precipita, aos muitos sujeitos ao poder, / A magna inveja, soçobrando o registro / De grandes e numerosas honras*". (N. T.)

[67] *Boswell's Life of Johnson*. Londres: Oxford, 1931, Vol. I, p. 131.

Na verdade, o propósito da filosofia, assim como o da poesia, a seu modo, é "persuadir todas as mentes pensantes". Não lemos somente para ler. Se, de fato, "livros geram livros", tanto em termos de escrevê-los como em termos de lê-los, assim o é porque, por meio do livro, por torná-lo vivo em nossas mentes e compará-lo com a própria realidade, chegamos ao conhecimento e, esperamos, à sabedoria.

Se buscarmos sabedoria naquilo que lemos, é bom comparar a conclusão da sátira de Juvenal, com a estátua da fama partida e lançada ao rio, com a conclusão de Johnson, que tem espaço para algo mais que a resignação pagã:

> *Yet when the sense of sacred presence fires,*
> *And strong devotion to the skies aspires,*
> *Pour forth thy fervours for a healthy mind,*
> *Obedient passions, and a will resign'd;*
> *For love, which scarce collective man can fill,*
> *For patience, sovereign o'er transmuted ill;*
> *For faith, which panting for a happier seat,*
> *Counts death kind Nature's signal for retreat.*
> *These goods for man the law of Heaven ordain,*
> *These goods He grants, who grants the power to gain;*
> *With these celestial wisdom calms the mind,*
> *And makes the happiness she does not find*[68].

Aqui vemos a diferença entre a mente cristã e a mente pagã. A mente pagã, de fato, "arde" por uma "presença sagrada". Há um "amor" que o "homem coletivo" não pode preencher. A mente não encontra felicidade, embora a busque. A fama que temos em nossa experiência terrena parece acabar quando nossos monumentos à fama jazem despedaçados no rio. Ao cristão, todavia, é dada uma "sabedoria celestial" para acalmar a sua mente. É disso que trata a revelação. Ela não se esquece das buscas dos pagãos ou das

---

[68] Em tradução livre:
No entanto, quando o senso de presença sagrada arder, / E a devoção firme ao céu aspirar, / Verte teus fervores por mente sã, / Paixões obedientes e vontade resignada; / Por amor, que raro homem coletivo pode preencher, / Por paciência, inexcedível ao transmutado mal; / Por fé, que anela uma base mais feliz, / Julga a morte um gentil sinal natural para retirar-te. / Esses bens, confere ao homem, a lei do Céu, / Esses bens Ele concede, quem concede o poder de ganhar; / Com tal sabedoria celestial, a mente acalmar, / Trazendo a felicidade que ela não vai encontrar. (N. T.).

vaidades com as quais, como eles, somos tentados. Ela, no entanto, nos permite contemplar as estátuas quebradas no rio com uma mente calma, sabendo que este mundo não é o fim.

IV

Em *O Banquete* de Platão, uma das passagens mais famosas é aquela em que surge o belo, brilhante, ambicioso e totalmente corrupto Alcibíades (450-404 a.C.). De todos os filósofos potenciais que aparecem nos escritos de Platão sobre Sócrates, esse jovem é o que tem maior potencial. Ele era o mais persuasivo e encantador, aquele que, ao trair a filosofia, gerou o maior dano. No final, também traiu a sua cidade. "Como isso é possível?", podemos nos perguntar. Não existe descrição maior em toda a literatura que essas passagens retratando o poder da vontade e da ambição para resistir e rejeitar a sabedoria, mesmo quando ela nos é oferecida na sua forma mais atraente, uma atração que nós, como Alcibíades, prontamente reconhecemos.

Alcibíades cresceu na casa do grande Péricles. Ele ouvira alguns dos grandes discursos que ainda podemos ler em Tucídides (ca. 460 - ca. 400 a.C.), que também registra o destino irônico subsequente desse mesmo Alcibíades ao trair tanto Atenas quanto Esparta, até mesmo a Pérsia. Alcibíades, no *Banquete*, descreve sua admiração por grandes discursos. Entretanto, nenhum deles desassossega sua alma como as conversas com Sócrates, o qual, em certa ocasião, salvou a vida de Alcibíades em batalha. Os outros oradores:

> eu achava que falavam bem sem dúvida, mas nada de semelhante eu sentia, nem minha alma ficava perturbada nem se irritava, como se se encontrasse em condição servil[69].

Sócrates, entretanto, fez Alcibíades pensar de forma diferente. "Ele faz parecer que minha vida não vale a pena ser vivida!".

No entanto, Alcibíades não irá deixar Sócrates dirigir-se a ele ou à sua alma. Como ele explica aos outros ouvintes no jantar de Agatão (448-401 a.C.), Sócrates:

---
[69] Platão, Theages, 125e

[...] sempre me deixa sem saída, sabe, e me faz ter que admitir que minha carreira política é uma perda de tempo, enquanto tudo o que importa é exatamente o que eu mais negligencio: minhas imperfeições pessoais, que clamam por mais atenção. Então eu me recusei a ouvi-lo; eu tapo meus ouvidos e me afasto dele, pois, como as sereias, ele poderia me fazer ficar ao seu lado até que eu morra[70].

Há poucas passagens mais poderosas em toda a literatura a respeito do poder de nossa vontade em se recusar a ouvir a sabedoria, a verdade. As próprias palavras de Alcibíades nos trazem à mente a passagem dos Atos dos Apóstolos (Atos 7, 57-60)[71] que nos conta do apedrejamento de Estêvão; em seu discurso, os membros do conselho "taparam os ouvidos" de modo que não o ouvissem, como se essa recusa deliberada em não ouvir escusasse suas ações. Tais passagens chamam nossa atenção para o fato de que, de certa maneira, podemos evitar "realmente ouvir" o que ouvimos ou lemos. Isso é um pensamento um tanto atemorizante, mesmo quando percebemos que o que realmente escutamos é o som daquilo que nos recusamos a compreender e seguir.

V

No romance de Wendell Berry *A Place on Earth* [*Um Lugar na Terra*], há um capítulo com um título maravilhoso, "O Querer Aquilo que Pode ser Perdido". Esse é outro lado de nossa recusa em ouvir o que nos é dirigido. Provavelmente não conseguimos encontrar uma descrição melhor de nossa condição humana que esse título - todas as coisas mais importantes de nossa vida, de fato, podem ser perdidas. Em certo sentido, se não pudessem ser perdidas, não valeria a pena tê-las. Algo da noção de uma criação livre

---

[70] Platão, Sofista, 216 a-b
[71] "57. Levantaram então um grande clamor, taparam os ouvidos e todos juntos se atiraram furiosos contra ele. 58. Lançaram-no fora da cidade e começaram a apedrejá-lo. As testemunhas depuseram os seus mantos aos pés de um moço chamado Saulo. 59. E apedrejavam Estêvão, que orava e dizia: Senhor Jesus, recebe o meu espírito. 60. Posto de joelhos, exclamou em alta voz: Senhor, não lhes leves em conta este pecado.... A estas palavras, expirou" — *A Bíblia*, tradução Ave Maria. (N. E.)

está por trás dessa ideia. E, ainda assim, tal é nossa sina, podemos e queremos o que "pode ser perdido".

Nesse capítulo do livro de Berry, o cenário é Port William, uma cidade de Kentucky, ao longo do rio Ohio. Matt Coulter é o advogado local. Seu filho, Virgil, acaba de ser morto em ação na Primeira Guerra Mundial. Matt está com a esposa do seu filho, Hannah, que está grávida de seu neto. Matt recorda a personalidade do filho quando era adolescente e estava aprendendo a como trabalhar a terra. Virgil decidiu fazer uma plantação na encosta da colina, mas não entendia que o terreno não estava preparado para proteger a lavoura da erosão do solo. Era muito inclinado. Quando veio a tempestade, a plantação foi varrida. O pai sabia que Virgil havia ficado desanimado por ter avaliado mal a terra. Entretanto, Matt diz ao filho:

> "Lamente, mas não desista. O que que se espera de você agora é que você veja o que fez e aprenda mais". E eu disse a ele que a vida de um homem está sempre lidando com a permanência - que o tipo mais perigoso de irresponsabilidade é pensar em suas ações como temporárias. O que você faz na terra, a terra torna permanente[72].

O solo erodiu a terra, mas ficou a lição permanente, mesmo com a morte do homem que ela ensinou. Existe algo de platônico nessa passagem. Platão estava sempre procurando o que é imutável entre as coisas mutáveis. Mesmo em meio às coisas que se perdem, as coisas permanentes permanecem.

Berry é um grande amante da terra e, desse modo, nos recorda do cuidado que se deve dispensar a ela. Como Platão, ele está ciente da permanência das coisas, das formas que não mudam, dos ciclos da terra. Mas, particularmente, eu gosto dessa linha "a vida de um homem está sempre lidando com a permanência". Isso é especialmente significativo quando falado enquanto recorda-se do filho, morto no campo de batalha. Não temos aqui "a vaidade dos desejos humanos", mas, em vez disso, um senso de permanência das coisas. A "sabedoria celestial" acalma a mente. A felicidade pode ser algo que ainda não vemos. As palavras de Johnson recordam a famosa passagem da Epístola aos Hebreus: "A fé é o fundamento do que se espera" (Hb 11, 1). Isso também é parte da sabedoria.

---

[72] BERRY, Wendell. *A Place on Earth: Revision*. Nova York: Farrar, 1983, p. 176.

VI

Logo após a destruição de Mordor, em *O Retorno do Rei*, Sam Gamgee e Frodo Bolseiro estão exaustos. Eles estavam isolados após a fuga difícil, as cinzas caindo por todos os lados, sem saber se podiam deixar a área desolada. Ainda assim, ao perceberem que tinham sido bem-sucedidos em destruir o anel, Sam soube que havia vivido uma "experiência", ou uma "aventura", para empregar o termo preferido pelo próprio J. R. R. Tolkien (1892-1973). Lembrem-nos de que bem no início de *O Hobbit*[73], lemos: "Esta é a história de como um Bolseiro teve uma aventura, e se viu fazendo e dizendo coisas totalmente inesperadas"[74]. O "fazer" e o "dizer" coisas que são "inesperadas" é exatamente o que indica que a sabedoria não está totalmente sob nosso controle ou simplesmente é produto de nossas mentes, mesmo quando é, de fato, algo que adquirimos.

Olhando novamente para a longa aventura na qual ele havia ingressado e na qual persistiu, Sam Gamgee refletiu:

> - Fizemos parte de uma grande história, sr. Frodo, não foi mesmo? - disse ele. - Gostaria de poder ouvir alguém contando! O senhor acha que eles vão dizer: *Agora vem a história de Frodo dos Nove Dedos e o Anel da Perdição?* E então todo mundo fará silêncio, como fizemos quando em Valfenda nos contaram a história de Beren-Maneta e a Grande Joia. Gostaria de poder escutar! E fico imaginando como a história continua, depois da nossa parte[75].

Sam Gamgee é, talvez, o verdadeiro herói de *O Senhor dos Anéis*. Ele é o homem comum que pode, por fim, após realizar sua parte realmente heroica, voltar para casa em Bolsão, para Rosie, para sua família e sua terra.

Frodo, como portador do anel, está muito alquebrado, muito ferido. Como Frodo, Sam não é um dos grandes do universo. No entanto, o fato de ser apenas comum não o impede de desempenhar um papel que ninguém mais teria realizado. Sem sua contribuição, nada teria funcionado, mas ele

---

[73] TOLKIEN, J. R. R. *O Hobbit*, 7ª Ed., São Paulo: WMF Martins Fontes, capítulo I, 2013; Há também a edição mais recente da obra, lançado pela editora HarperCollins Brasil: TOLKIEN, J. R. R. *O Hobbit*, São Paulo: HarperCollins, 2019. (N. E.)
[74] TOLKIEN, J. R. R. *O Hobbit*, capítulo 1. (N. T.)
[75] Idem, *O Retorno do Rei*, capítulo IV. (N. T.)

também, como Frodo, teve de escolher aceitar a missão e a ela ser fiel. O papel de Sam foi o da lealdade, enquanto o de Frodo foi o da obediência. Recentemente, deparei-me com uma citação de Dietrich Bonhoeffer (1906-1945), o teólogo alemão, que disse: "somente o diabo tem uma resposta para nossas dificuldades morais, e ele diz: 'continue criando problemas e você escapará da necessidade da obediência'". *O Senhor dos Anéis* é sobre a necessidade de obediência, assim como, acho eu, trata o Novo Testamento.

Observe, contudo, o que Sam deseja. Ele deseja ouvir recontada a história de suas façanhas, de sua experiência, de sua aventura tal como ela é, quase como se dissesse que nada está completo até que as possamos ouvi-la novamente. Isso sugeriria que, embora viver um amor ou uma aventura seja uma experiência primária, nunca é possível exaurir o que passamos sem refletir a respeito, sem colocar a coisa em seu lugar, sem ver as profundezas do interior dela, as quais não havíamos percebido da primeira vez. O mundo não somente existe, mas existe para ser conhecido e, ao ser conhecido, existe ainda mais para que se fale dele, para ser recontado. É por isso que podemos adquirir sabedoria através dos contos, pois o simples fato de ouvi-los é um modo de viver. É por isso que devemos ler, em especial, aquelas histórias e livros que nos remetem, ainda que indiretamente, para *aquilo que existe*.

O romance de guerra de Anton Myrer (1922-1996), *Once an Eagle* [*Uma Vez uma Águia*], registra uma cena após o fim da luta sangrenta da Primeira Guerra Mundial na França que, acho eu, explica algo sobre essa necessidade de Sam Gamgee de ouvir contada sua história. Depois de meses e meses de luta constante, a guerra finalmente termina. O herói, Sam Damon, está se recuperando de um ferimento em um hospital em Cannes quando, ao refletir sobre o que acabara de passar, percebe que

> uma experiência só tem valor se alguém a impregna de significado, tira dela conclusões com propósitos. O fato é que ele jamais tinha *pensado* - ele agira de maneira rápida e intuitiva; agora ele deve se educar para pensar, pensar sobriamente e bem[76].

Essa busca por encontrar um juízo em uma ação concluída, por "pensar sobriamente e bem", é quase o mesmo desejo de Sam Gamgee de ouvir a

---

[76] MYRER, Anton. *Once an Eagle*. Nova York: Berkeley Medallion, 1968, p. 244.

respeito da sua própria história, e seu questionamento por saber como ela acabaria depois que seu tempo aqui tiver terminado. Para onde as coisas se encaminham também é parte da sabedoria.

VII

A sabedoria pode chegar a nós de muitas maneiras. Tome, por exemplo, o romance divertido de P. G. Wodehouse (1881-1975), *How Right You Are, Jeeves* [*Como Estás Certo, Jeeves*]. Jeeves é o criado particular, tipicamente inglês, do sr. Bertie Wooster. Por meio da sua dominadora tia Dália, Bertie conhece uma certa Roberta Wickham, com quem a tia espera que Bertie contraia um casamento responsável. Bertie suspeita que essa solução esteja cheia de perigos. Como ele diz a Jeeves, a jovem, embora muito bonita, é um tanto "entusiasmada" demais. "No momento em que a vi, pareceu-me haver algo estranho em seu semblante". Ela está desorientada, em comparação com seu eu normal, que Bertie descreve da seguinte maneira em uma expressão celebrizada pelos filósofos: "Normalmente, essa beleza apresenta ao mundo a aparência de quem sente que, esse não é o melhor dos mundos possíveis, é bom o bastante para prosseguir até que apareça um melhor"[77]. Nossos livros de humor costumam estar cheios de percepções metafísicas, até mesmo teológicas, à medida que nos perguntamos o que pode estar perturbando alguém neste mundo bom o suficiente.

O tópico do "melhor mundo possível" há muito incomoda os filósofos. Dizem que Leibniz (1646-1716) provou que este mundo que atualmente habitamos é, de fato, "o melhor possível". Pois, se a presente condição não é o melhor mundo possível, o que é então? Isso confunde a mente. Se, contudo, é o melhor mundo possível, por que é tão confuso, até mesmo trágico? A solução de Roberta, para ver que é "bom o bastante para prosseguir até que um melhor apareça" tem muito a dizer sobre isso. A sabedoria não lida, em primeiro lugar, com o que desejamos poder ter, mas com o que realmente temos. Até mesmo o que não temos ou o que não somos faz parte de nossa sabedoria, como Tolkien compreendeu, nós também podemos encontrar uma certa alegria.

---

[77] WODEHOUSE, P. G. *How Right You Are, Jeeves*. Nova York: Avon, 1976, p. 115.

VIII

Na segunda-feira, antes do Torneio de tênis de Wimbledon, certo ano, Venus Williams fez um comentário que chega à essência dos esportes: "A alegria é continuar se desafiando para se manter no topo. Se não houvesse desafio, não haveria alegria". Esse comentário nos leva à essência da sabedoria, como frequentemente fazer os esportes. Quando Aristóteles e Platão passavam grande parte do tempo discutindo os esportes, eles não estavam sendo indiferentes ao que é considerado mais importante.

"Se não houvesse desafio, não haveria alegria". Por certo, essa é uma frase metafísica. Se o melhor mundo possível deve existir, parece que, em seu âmago, deveria haver um desafio de algum tipo, um mundo em que o fracasso ou a perda seja pelo menos possíveis. Sem desafio, sem alegria. Essa parece ser também a lição da aventura, da experiência de Frodo e de Sam, até mesmo a de Bertie Wooster.

Aristóteles afirmou, em uma passagem que lembra a discussão de Platão sobre a relação de Deus com o mundo, que os jogos são jogados para seu próprio bem. Nisso, pensava Aristóteles, eles são como a contemplação, na qual, em última análise, contemplamos *aquilo que é* em si mesmo. Aristóteles compreendia como bons jogos nos trazem para fora de nós mesmos. Platão suspeitava que aquilo que nós, seres humanos - nós, "brinquedos de Deus", como nos chamava - realmente desejamos é contemplar *aquilo que é e existe*. O que realmente queremos contemplar e responder à verdade, ao que é, não porque a criamos, mas porque nos é dada.

Não existe alegria sem desafio.

Não existe alegria sem realmente buscar e possuir as coisas mais excelsas - entre as quais, em certo grau, já vivemos.

Como disse Wendell Berry, "a vida está sempre lidando com a permanência".

"*Aliis laetus, sapiens sibi*".

"A operação própria do homem como homem é compreender".

"Todo homem tem de cuidar da sua própria sabedoria".

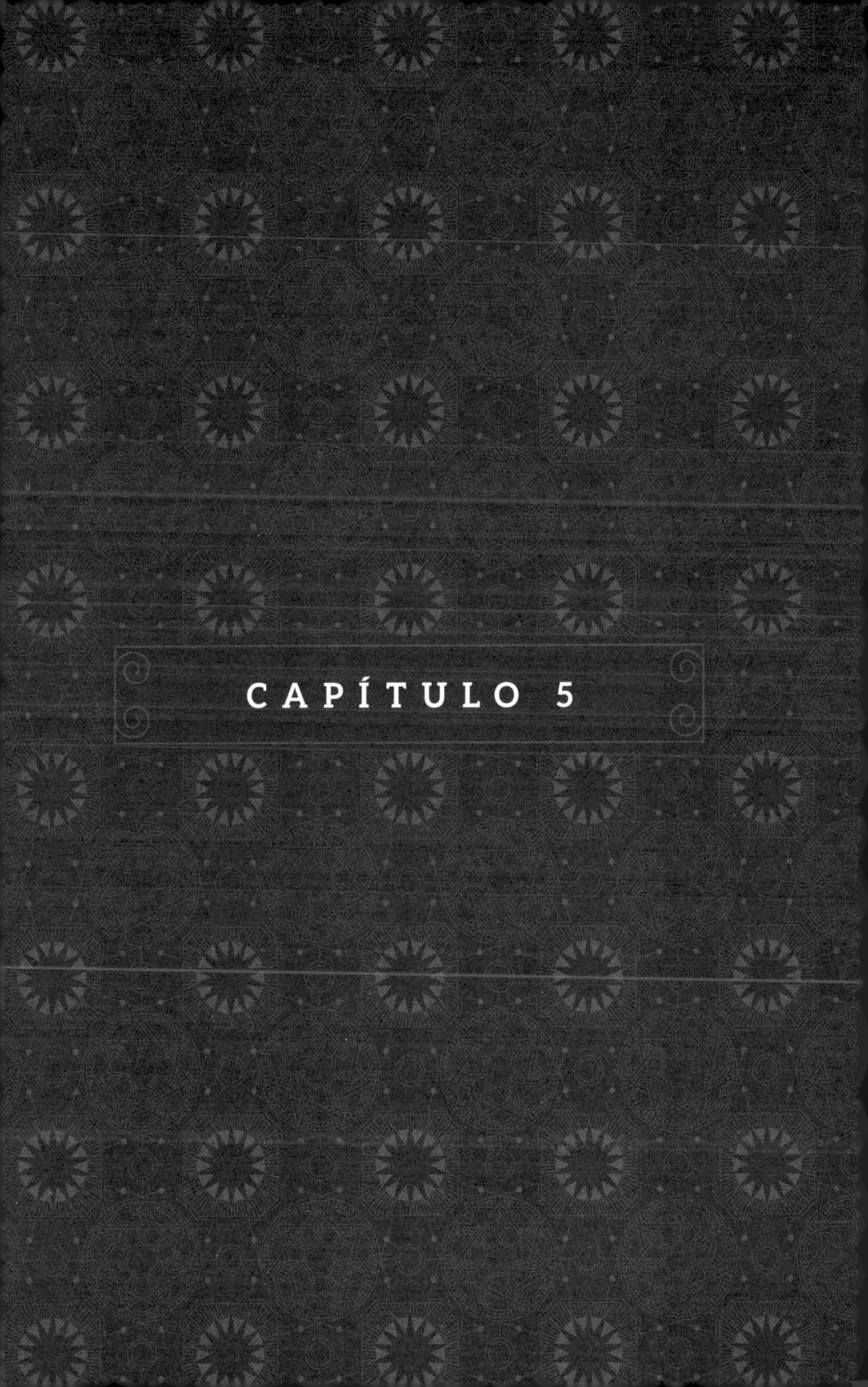

CAPÍTULO 5

CAPÍTULO 5
Sobre as Consolações da Falta de Instrução, Reexaminadas

De todas as minhas descobertas, a que quase mais deixou-me sem fôlego foi o próprio Dickens. Quantas pessoas com instrução podem suspeitar da delícia de um encontro tão tardio? Eu acho que nós tínhamos as Obras Completas *quando eu era criança. No entanto, eu tentei ler David Copperfield cedo demais e acreditei, por toda a minha vida, que não era para mim. Certa noite, no último inverno, estava sem sono e, de algum modo, sem um livro. De nossas prateleiras tirei* Little Dorrit, *que as pessoas agora me dizem que é um dos menos sedutores do conjunto. Mas Keats, ao olhar pela primeira vez para Homero, não poderia ter ficado mais deslumbrado do que eu a primeira vez que pus os olhos em Boz. Senti-me como uma caçadora de tesouros se sentiria se tivesse tropeçado no baú trancado que pertencia ao Capitão Kidd.*

PHYLLIS MCGINLEY, *THE CONSOLATION OF ILLITERACY.*

> A ordem em ação é vital; a ordem em ação é impossível sem a ordem no pensamento.
>
> **FRANK SHEED, *FIRST THINGS*.**

> Época de Natal! Esse homem deve ser, de fato, um misantropo, em cujo peito algo como um sentimento jovial não brotou - em cuja mente algumas associações agradáveis ainda não despertaram - pela memória do Natal. Há pessoas que lhe dirão que o Natal não é mais para elas o que costumava ser; que cada Natal subsequente encontrou alguma esperança acalentada ou uma perspectiva feliz, do ano anterior, esmaecida ou morta; que o presente só serve para lembrá-los de circunstâncias reduzidas e as rendas limitadas - dos banquetes que outrora ofereciam a amigos vãos e dos olhares frios que os encontram agora, na adversidade e no infortúnio. Nunca deem ouvidos a essas tristes reminiscências[78].
>
> **CHARLES DICKENS, *A CHRISTMAS DINNER*.**

I

Até aqui, tenho falado de aprendizado, de livros, até mesmo "da própria sabedoria de uma pessoa" de uma maneira muito positiva. Consequentemente, parecerá, à primeira vista, um tanto incongruente sugerir, de súbito, que possa haver algum "consolo" na falta de instrução. Entretanto, é fato que podermos ser instruídos e ainda assim, muito inocentes a respeito de qualquer compreensão real do significado das coisas. Do mesmo modo, podemos observar que muitos dos movimentos

---

[78] DICKENS, Charles. *Sketches by Boz*. Nova York: Charles Scribner & Sons, 1903, p. 21. (N. T.).

mais terríveis na história do homem foram liderados por homens que, por algum padrão objetivo, eram bastante inteligentes, mesmo possuindo a mais refinada das educações e talentos poéticos. De novo, há aqueles que, por uma razão ou outra, simplesmente receberam uma educação ruim enquanto cursavam uma universidade formal ou os estudos de pós-graduação. Portanto, com algum paradoxo óbvio, não é de todo contraditório falar da consolação da falta de instrução. Podemos ter sido, sem saber, salvos de muitos caminhos errados simplesmente porque não sabíamos que tais caminhos eram possíveis.

Uma das passagens mais desanimadoras em Platão é encontrada no Livro VII de *A República*, em que ele sugere que é possível aprender ou ser exposto às coisas muito cedo, ou que é impossível aprender muitas coisas se começarmos muito cedo na vida o processo para aprendê-las. Esse é definitivamente um ponto de vista contracultural, até mesmo surpreendente. Para aprender as coisas mais sublimes, ao que parece, devemos primeiro aprender uma multiplicidade das coisas de menor peso. Por si mesma, essa posição não nega que todas as coisas têm seu lugar e, como tais, são boas, fascinantes até. As melhores coisas muitas vezes levam tempo, mas detestamos admitir isso, quanto mais esperar até que estejamos prontos para elas. O mundo moderno desabrochou muitas flores cedo demais para realmente apreciá-las em toda sua beleza.

Jovens filósofos em potencial são os que podem, por fim, conhecer a verdade das coisas, mas somente se escolherem passar pela disciplina necessária para conhecer algo *que é e existe*. Em certo sentido, não se pode ser um filósofo sem primeiro ser um filósofo em potencial. E ninguém pode ser um filósofo potencial a menos que algo o faça maravilhar-se, a menos que seja atingido pelo ser de alguma coisa que não é ele mesmo. Até mesmo os filósofos formados, como disse Platão no *Fedro*, podem ser atingidos por uma realidade fora de seu sistema de ideias. Tal experiência inesperada lembra-os constantemente de que a realidade é maior que sua filosofia, sem negar, ao mesmo tempo, que a filosofia - a disciplina que acresce conhecimento àquilo que é e *existe* - revela o entusiasmo em aprender onde nós, como pessoas individuais e como seres humanos, nos posicionamos na ordem das coisas. Somos destinados tanto a conhecer coisas como a reconhecer que as conhecemos.

Se eles considerarem ou experimentarem algo antes de terem maturidade ou discernimento suficientes para examiná-lo ou reconhecer sua evidência, os jovens filósofos em potencial facilmente se desencorajarão tendo em vista o empreendimento envolvido para tanto. Eles pensarão, porque não viram facilmente o sentido, não há nada ali a ser visto ou aprendido, por mais que seja elogiado pelos fidalgos, pelos sofisticados, pelo cânone dos grandes livros ou pela tradição. Esses potenciais filósofos desiludidos suspeitarão que a consideração das coisas da mente, as coisas que são dignas de ser conhecidas por si mesmas, é uma fraude e um engano, porque eles não conseguem apreendê-las sem esforço. No entanto, as coisas mais excelsas são, para nossa espécie, condicionadas a um período de advento e espera. Que o fato de que todas as coisas não nos sejam dadas de imediato não é um defeito de nossa criação. Pode, muito bem, ser parte de sua glória.

Platão, ao confiar na razão natural e na experiência, não achava possível que alguém fosse totalmente sábio ou maduro muito antes dos cinquenta anos, e, mesmo então, somente poucos realmente poderiam vir a se tornar realmente realizados. Ele também percebeu que morreríamos não muito depois dos cinquenta anos. Sócrates, afinal, foi morto aos setenta (o próprio Platão morreu aos oitenta e um)[79]. Se fôssemos dignos, pensava Sócrates, ao morrer passaríamos às Ilhas dos Bem-aventurados para continuar, ainda sob a luz do bem, as conversas iniciadas nesta vida. Ainda que a natureza humana possa ser a mesma em todos os tempos e lugares, o gênio humano, o esforço, a disciplina e a virtude não são distribuídas igualmente, nem seria bom se o fossem. Para Sócrates, o bem comum parecia exigir que aqueles de mesma natureza devessem diferir de muitos modos individuais, embora todos fossem criados para o mesmo destino último, cuja realização dependia, pelo menos em parte, das escolhas de cada pessoa. Uma cidade composta somente por filósofos logo entraria em decadência. Uma cidade em que filósofo algum residisse perderia o contato com a própria substância daquilo que nos foi dado a ser.

À primeira vista, sem dúvida, podemos pensar exatamente o oposto - que quanto mais cedo começarmos a aprender sobre as coisas mais excelsas, melhor. Platão, é claro, achava que devemos começar quando estivermos prontos. A pergunta é: quando estamos prontos? Platão contentava-se em deixar as crianças pequenas brincarem com seus jogos, muito

---

[79] Ver: SCHALL, James V. "The Death of Plato". *American Scholar*, n. 65 (Verão de 1996), p. 401-415.

embora estivesse ciente do dano que jogos desordenados pudessem causar na alma dos jovens. Há coisas que devemos fazer aos vinte anos que não podemos ou não devemos fazer aos dez ou aos cinco anos, e coisas que podemos fazer aos quarenta que não podemos ou não devemos fazer aos vinte anos. No entanto, para apreciarmos as coisas mais sublimes, devemos aprender desde cedo a nos reger, a governar nossos medos, nossos prazeres, nossa ira e até mesmo nosso senso de humor. É um processo gradual, até mesmo agonizante, pensava Platão. Ao negligenciar essa autodisciplina, nunca seremos livres para confrontar *aquilo que é e existe*. Em vez disso, veremos tudo à luz de nossas próprias desordens internas. As ordens do governo, do cosmos e da alma são inter-relacionadas. Com almas desordenadas, não reconheceremos com clareza a verdade da realidade. Temos de aprender a nos governar, a dominar os números e a memorizar palavras e poemas. Também precisamos cantar, cavalgar e dançar. Devíamos até tocar flauta, como nos disse Aristóteles, mas não muito bem, para que não negligenciemos muitas outras coisas.

Hoje, às vezes parecemos pensar que os grandes livros podem ser aprendidos na faculdade, ou no ensino secundário ou no ensino elementar, ou mesmo na pré-escola; afinal, a maioria deles já está *online*. Tenho visto uma quantidade um tanto impressionante de programas de grandes livros desenvolvida para o ensino domiciliar, no nível do ensino secundário, período em nossas vidas que precisamos ler muita literatura e poesia, participar de jogos, aprender música, memorizar e, sim, falar. No entanto, há uma percepção segundo a qual podemos não estar prontos para a profundidade do ensinamento dos grandes livros em idade tão juvenil.

Todo o Livro VII de *A República* contém uma explicação concisa de Platão sobre as idades nas quais o homem educado deve aprender cada tipo diferente de arte ou de conhecimento. Esse sistema, provavelmente, parecerá para nós, hoje, ter sido entendido errado. Nossa sociedade parece estar repleta de dois tipos de inovação educacional, a educação de crianças na tenra idade, quase como se as mães e os pais não existissem - esta, também, uma ideia platônica - e a educação "continuada", o que muitas vezes significa ensinar aos que não aprenderam muito ou o bastante em qualquer idade anterior, que, em suma, não aprenderam a aprender. Na verdade, parece que queremos implantar "genes de inteligência" em nossos bebês antes do nascimento para suplementar ou substituir o que é dado na natureza. Raramente as pessoas se perguntam se, quando submetidos a tal infusão, tal prole ainda são os "nossos bebês" ou ainda mais inteligentes do que, de outro modo, poderiam ter sido?

Percebo que existe uma espécie de atração romântica pela noção de que devemos sempre estar "aprendendo" desde a infância até a morte. E não há dúvida de que nossas vidas podem ser retratadas como uma busca ou uma jornada. Entretanto, não somos deuses e, em um sentido estrito, não devemos querer ser. Não compreendemos nossa divinização última ou a própria graça como significando que "o que é ser um ser humano finito" deixará de existir. O próprio ser humano é uma das ordens da criação - um bem. Não tenho problema, ademais, em reconhecer a quantidade enorme de informações factuais que estão disponíveis para nós, cuja massa, ninguém possa saber, nem precisa saber. Essa imensidão é o motivo pelo qual temos em existência justamente um grande número de nossa espécie. Dessa forma, as exigências de nossa peculiaridade não impedem a atualização de outras coisas às quais não podemos prestar atenção, mas, pelas quais nós nos tornamos mais completos.

II

Instituições acadêmicas não são fins em si mesmas, mas pontos de passagem para algo mais nobre. Gosto de fazer a pergunta: "O que faremos quando tudo o mais estiver terminado?" Não imagino que essa seja simplesmente uma questão acerca da visão transcendente do bem. Por certo, a resposta a essa pergunta é que nem sempre permanecemos na escola, mesmo como professores, como se a vida consistisse não só de diplomas do ensino secundário, de bacharelados, mestrados e doutorados, mas em um acúmulo infinito de mais e mais graus e créditos. É como preparar-se pelo benefício da preparação, sem nenhuma consideração sobre para o que a pessoa está, antes de tudo, preparando-se.

A escola não é um fim em si mesma. A palavra grega da qual derivamos escola, a saber, *skole*, significa lazer, tempo livre, ócio. O lazer tem conotações de algo sem término, de novidade continuada, de coisas realizadas por amor a elas mesmas. Não podemos entender totalmente o mistério de qualquer coisa individual que exista da maneira que existe. O famoso "príncipe aluno", o aristocrata despreocupado que sempre deseja ser jovem e romântico na universidade, com tempo fora do tempo, e vive em um perpétuo mundo da fantasia. Ele é uma aberração. O mesmo ocorre, também diz Platão, com os professores que imitam seus alunos - ou pais que imitam os filhos.

 Chega um dia, ao mesmo tempo triste e glorioso, em que "deixamos" a escola para sempre. Não saímos da vida, mas saímos da escola. Não podemos viver uma vida real se passarmos o tempo pensando e nos recriminando por aquilo que ainda não sabemos. Algumas coisas só podem ser conhecidas se não as conhecermos antes do tempo. Eu suspeito que o casamento seja assim, e os filhos também. Precisamos deixar espaço para os dons. Essa necessidade de agir com base no conhecimento imperfeito é para o que tradicionalmente se pensa que serve a virtude da prudência. Não é uma "falha" de nossa natureza que vivamos neste mundo evidentemente imperfeito ou incompleto. Muito embora nossas mentes sejam capazes de conhecer *tudo o que é e existe*, ainda está tudo bem se não conhecemos, digamos, todas as oitocentas línguas faladas no Congo ou as obras completas de Hegel em alemão. Minha avó paterna estudou até a terceira série. Era uma senhora muito esperta e sábia. Meu pai cursou um semestre da faculdade, logo antes da Depressão. Meus irmãos têm bacharelado; eu tenho um doutorado e uma série de mestrados. A Alemanha oferece dois tipos de doutorado. Um dos meus professores austríacos tinha cinco. Advogados agora também gostam de se tornar doutores e vice-versa. Ainda assim, o que existe a ser conhecido, o que existe, não mudou desde a época da criação, exceto na medida em que a mudança ordenada tem sido um aspecto da própria criação. Nossa capacidade de conhecer muito a esse respeito, entretanto, mudou, incluindo o registro daquilo que aprendemos sobre o mundo, sobre Deus e sobre nós. Assim, há tanto o que existe para ser conhecido *e* o que conhecemos sobre o que existe para ser conhecido - dois estágios, não apenas um.

 Então, também, eu suponho, há uma série de coisas que aprendemos erroneamente, dado que não podemos conhecer o erro sem também conhecer, ao menos, algo da verdade. A história de nossos erros é, como tal, quase tão interessante quanto a história das verdades que conhecemos. De fato, como Santo Tomás de Aquino sugeriu, não conhecemos realmente a verdade, a menos que conheçamos o que a ela se opõe e por quê. Essa é, de fato, uma das maneiras mais dramáticas em que o pensamento difere da realidade, ao mesmo tempo em que está fazendo a realidade tornar-se conhecida. É uma boa coisa entender o erro e o pecado, e afirmar, de maneira precisa, o que são, pois isso também é uma verdade.

Essa investigação é planejada para aqueles que não duvidam de sua capacidade de conhecer, mas que ainda têm um "anseio" de saber o que ainda não sabem. Não são poucos os que hoje pensam que a educação em geral, em todos os níveis, é tão ruim ou deformada que teremos sorte se nunca tivermos sido expostos a ela em primeiro lugar. Há algo a ser dito graças à percepção de que estamos sós se quisermos buscar e conhecer a verdade. Em uma conferência em Wyoming, certa vez eu conversei com uma moça muito inteligente e brilhante que me contou que foi educada em casa durante toda a vida. Perguntei-lhe se ela havia pensado em ingressar na faculdade. Ela me disse que havia considerado isso, mas que não queria que a faculdade interferisse em sua educação. Se ela fosse para a faculdade e contraísse uma grande dívida para pagar por isso, teria de ter um emprego para saldar a dívida. Ela, portanto, nunca estaria realmente livre para aprender muito sobre qualquer coisa de verdadeira importância. A ideia de que a matrícula na faculdade pode ser uma espécie de escravidão que nos impede de sermos educados nas coisas que importam é desconcertante, mas uma questão a ser levantada.

III

No verão de 2003, encontrava-me na Califórnia com meu irmão e minha cunhada. Um dia, decidimos visitar uma parte antiga de San Diego, onde minha cunhada poderia conferir os antiquários. Aconteceu que a loja em que eu e meu irmão iríamos encontrá-la também tinha alguns livros usados. Passando os olhos sem compromisso pelas prateleiras, deparei-me com uma cópia antiga do *Saturday Review Reader*, de trinta e cinco centavos. Minha cunhada comprou esse volume para mim por um dólar, a diferença do preço ao longo do tempo é, por si, uma lição de economia: o valor de trinta e cinco centavos em 1954 seria significativamente mais do que um dólar hoje. Os ensaios desse volume foram escritos entre 1950 e 1954. Dentre eles estão: "Is Our Commom Man Too Common?" ["Será o Nosso Homem Comum Tão Comum?"], de Joseph Wood Krutch (1893-1970); "The Trumans Leave The White House" ["Os Truman Deixam a Casa Branca"], de John Mason Brown (1900-1969); "Liberal Arts at Mid-Century" ["As Artes Liberais em Meados do Século"], de A. Whitney Griswold (1906-1963) e "Trade Winds" ["Ventos de Negócios"], de Bennett Cerf (1898-1971).

O ensaio que me chocou e provocou-me a querer comprar o volume, todavia, foi o de Phyllis McGinley, intitulado provocativamente de "The Consolations of Illiteracy" ["As Consolações da Falta de Instrução"]. Era um ensaio fascinante que começava com estas palavras um tanto chocantes: "Existe algo a ser dito sobre uma educação ruim". Por certo, eu quis ver o que era. McGinley era famosa por seu verso suave, até mesmo por seus poemas sobre santos. Um de seus livros chamava-se *Saint Watching* [*Vigília Santa*], e recordo seu poema sobre Santa Brígida (421-525). McGinley tinha coisas pungentes a dizer sobre pais, maridos, mulheres e sobre praticamente tudo mais, incluindo o pecado.

Sobre o pecado, escreveu:

> Pecado sempre foi uma palavra feia, mas assim se fez [agora] com um novo sentido ao longo da última metade do século passado. Não só foi tornada feia, mas também ultrapassada. As pessoas não são mais pecadoras; elas são apenas imaturas, desprivilegiadas, amedrontadas ou, de modo mais específico, doentes.

Essa é uma análise da condição do raciocínio moral tão boa quanto as que tenho visto nos últimos anos. Éramos, de fato, mais nós mesmos quando o pecado ainda era uma palavra "feia", do que nos tornamos quando passou a significar meramente "doente". Afinal, se o que fazemos é causado por imaturidade, pobreza, medo ou doença, não é, estritamente falando, pecado. O pecado inclui vontade, e palavras como "doente" ou "imaturo" normalmente são empregadas para impedir que vejamos que o pecado não pode ser totalmente explicado por nada mais *a não ser* a vontade.

Essa reflexão faz lembrar algo que uma vez li em Frank Sheed (1897-1981), sobre Santo Tomás de Aquino:

> A ignorância de Santo Tomás de Aquino varia daquela do juiz de Belfast que admirava sua *Imitação de Cristo* àquela dos católicos bem-educados que não o leem porque não se importam com quantos anjos podem dançar na cabeça de um alfinete[80].

---

[80] SHEED, Frank. "Milk for Babies", em: *Sidelights on the Catholic Revival*, p. 66.

Sabemos, é claro, que Tomás de Kempis (1380-1471), e não Tomás de Aquino, escreveu a *Imitação de Cristo*, ainda um dos livros mais lidos na história do mundo. Com relação aos anjos dançando na cabeça de alfinetes, Dorothy Sayers (1893-1957) certa vez escreveu um ensaio chamado "The Lost Tools of Learning" ["As Ferramentas Perdidas do Aprendizado"], um ensaio verdadeiramente magnífico, no qual ela aponta que o exercício lógico medieval sobre anjos e alfinetes foi pensado para argumentar que os anjos não tinham a categoria de "espaço". O objetivo do exercício não tinha nada a ver com anjos dançando, mas, sim com a natureza exata dos próprios anjos como seres espirituais que não ocupam lugar no espaço. O homem medieval se divertiria com a nossa falta de compreensão de pontos tão básicos como esse.

IV

O ensaio de Phyllis McGinley é um esboço notável e encantador do que podemos aprender quando, por uma razão ou outra, até agora não tenhamos aprendido relativamente nada. Muitas vezes, de maneira divertida, dei a forma abreviada do longo subtítulo do meu livro *Another Sort of Learning* de "como conseguir se educar se ainda estiver na faculdade". O perigo de estar na faculdade, como assinala E. F. Schumacher (1911-1977) em *A Guide for the Perplexed* [*Um Guia para os Perplexos*] é que um aluno pode não aprender nada de importante lá, nada que chegue ao âmago das coisas. O ensaio de Phyllis McGinley, no qual ela fala dos "esplendores da descoberta", poderia ser chamado de "como conseguir se educar quando você já está fora da faculdade há dez ou vinte anos". Só porque podemos não ter "aprendido" muito, não significa que estejamos condenados a não aprender absolutamente nada. De fato, McGinley parece insinuar que podemos ter certa vantagem se passamos inocentemente pela faculdade e, pelo que sabemos, nada aprendemos no processo.

McGinley nos diz que frequentou uma escola rural no Colorado, a proverbial escola de uma sala. Nos dias de inverno, ela e seu irmão, às vezes, eram os únicos que apareciam na escola. "Se havia uma biblioteca pública dentro de uma distância exequível, nunca tomei conhecimento", conta-nos. Sua família era uma "família de leitores", mas não havia muito o que ler em casa - somente os livros de direito e história do pai e as "obras completas de

SOBRE AS CONSOLAÇÕES DA FALTA DE INSTRUÇÃO, REEXAMINADAS

Edward Bulwer-Lytton (1803-1873)". Seu ensino secundário foi algo desastroso, em que eles estavam "sempre tendo que fazer resenhas de Ivanhoé" ou memorizar o *Speech on Conciliation* [*Discurso sobre a Conciliação*], de Edmund Burke (1729-1797), teve que analisar gramaticalmente a poesia "Snow-bound" duas vezes.

Seus dias de faculdade foram ainda piores.

> Minha *alma mater* era uma daquelas universidades fundadas e custeadas pelo Estado, que, no Oeste, todos frequentam tão automaticamente quanto o jardim de infância. Não há - ou havia, na ocasião - exame de admissão. Qualquer um podia entrar e todos ingressavam, pelos bailes de formatura ou pelos jogos de futebol; e eles eram membros de uma faculdade que, por uma mediocridade implacável, deve ter superado qualquer outra no país.

Ninguém pode pensar, senão em retrospecto, que tal escola pudesse bem ser preferível às mais recentes, as com difíceis exames de admissão e faculdades corrompidas em suas almas pelas ideologias mais recentes. É melhor não aprender nada do que desaprender muito. De fato, suspeito que o conselho de McGinley é voltado tanto para o último grupo de alunos, vítimas do politicamente correto, quanto para o primeiro grupo, do qual ela mesma fazia parte. Seus colegas eram ignorantes, mas não porque o que estavam aprendendo na faculdade era falso.

"Por um sistema complexo de malabarismo de créditos", conta-nos McGinley, "e por adular chefes de departamento, eu [fui] capaz de livrar-me até mesmo da Avaliação-Padrão Geral de Literatura Inglesa". No entanto, ela leu algumas coisas. "Fui até considerada uma 'traça' por minhas irmãs de fraternidade, que tinham desistido de ir à biblioteca depois de terminar *O Mágico de Oz*". Ela lia principalmente livros contemporâneos, "H. L. Menken (1880-1956), mas não Christopher Marlowe (1564-1593); Gertrude Atherton (1857-1948), mas não Jane Austen (1775-1817)". Nada de Geoffrey Chaucer (ca. 1343-1400), nada de John Dryden, nada de George Herbert (1593-1633), nada de John Donne (1572-1631), nada de Gerald Manley Hopkins (1844-1889) ou de Andrew Marvell (1621-1678). Ela lista alguns dos livros e poemas que *não* leu - uma lista infinita até para os entusiastas, sem dúvida: *Vanity Fair*, "Il Penseroso", "The Hound of Heaven", *Anna Karenina* etc.

Esse tipo de falta de instrução, ela pensou, tinha certa vantagem oculta. Os alunos, muitas vezes, não leem ou não querem ler, assim é a perversidade de nossa natureza, porque eles são obrigados a ler, porque lhes é determinado que leiam. Não sei se essa reação é um dos efeitos da expulsão do Paraíso, mas geralmente é o caso. "Quase nenhum dos supostos clássicos, sob cujo fardo o aluno deve se curvar, eu espiei fosse por prazer ou por crédito", confessa McGinley. Mas assim que descobriu tais livros, ela os leu com entusiasmo porque queria, porque os achou encantadores.

> Embora eu tenha chegado a eles tarde, cheguei a eles sem preconceito. Nós nos encontramos em uma base totalmente amigável; e não creio que os que têm uma boa formação possam sempre afirmar algo assim.

Platão disse que a educação deveria ser uma forma de jogo ou de prazer. McGinley descobriu essa verdade por si mesma - em parte porque teve uma educação péssima.

McGinley, certa vez, sentiu pena das pessoas que *tiveram* que ler *Silas Marner* ou *Adam Bede*, de George Eliot (1819-1880). Então, uma noite, quando não conseguiu encontrar mais nada nas prateleiras, ela realmente leu o último livro. Só podia dizer a si mesma, "Mas é magnífico". Eliot não era nada entediante, como lhe haviam dito. Certa vez, ela teve pena daquelas pobres almas que tiveram de escrever ensaios sobre "Samuel Richardson (1689-1761) como o pai do romance inglês". Mas então ela leu *Pamela*, de Richardson, como se fosse "um livro novinho em folha". Na verdade, é assim que ela lia todos os livros, novos ou antigos. Os acadêmicos, diz ela, podem apreciar *The Deserted Village* [*A Aldeia Deserta*], *Orgulho e Preconceito*, *The Old Curiosity Shop* [*A Loja de Antiguidades*] ou *Os Bostonianos*.

> Não creio, contudo, que sintam o mesmo encanto exclusivo que tenho para com eles. Por trás dessas páginas, para mim, não paira nenhum espectro da sala de aula e do caderno de folhas soltas. Cada um é minha própria descoberta.

Essa é uma percepção bem chestertoniana, a descoberta independente daquilo que já existe e seu prazer permanente.

Dessa forma, McGinley relata as próprias descobertas - e, no mundo intelectual, podemos, de fato, "descobrir" o que já foi descoberto por outras pessoas. Livros são "possuídos", porque os lemos e relemos, não porque os temos, ainda que a propriedade seja uma consequência natural do deliciar-se ao ler. Todos nós temos estantes de livros não lidos, e isso não é de todo mau. Ao serem lidos, os livros se tornam, por assim dizer, nossa propriedade espiritual. Uma vez, ainda na faculdade, McGinley descobriu *Crawford*, da sra. Elizabeth Gaskell (1810-1865), "na estante de livros de uma pensão". Enquanto lia, ela dizia aos amigos como era encantador, lendo-lhes passagens em voz alta. Ela então percebeu, para sua consternação, que quase todas já haviam lido o livro como uma tarefa obrigatória quando eram calouros, e que todos eles "não tinham gostado". Na verdade, ela sabia, eles nunca o tinham lido realmente. Suas almas não estavam preparadas para seu deleite. Que coisa triste, ter almas que não estão preparadas para *aquilo que é e existe*!

"Existem livros que a pessoa precisa de maturidade para desfrutar, assim como existem livros que um adulto pode chegar tarde demais para saborear", reflete McGinley. Ela acha que *O Morro dos Ventos Uivantes* deve ser lido antes dos dezesseis anos, mas "não é possível que criança alguma aprecie *Huckleberry Finn*". Há, depois, Jane Austen. "Se eu tivesse menos de trinta anos quando me deparei pela primeira vez com a srta. Austen, eu poderia tê-la achado seca. Se eu a tivesse lido muito mais tarde, eu mesma poderia estar seca demais". Que observação notável! Em certo sentido, é melhor descobrir coisas maduras quando estamos maduros. É por isso que Platão nos diz para aprender os números e aritmética quando somos jovens, e também memorizar os poetas. Ele duvidava de que poderíamos ser metafísicos antes dos cinquenta anos. Na verdade, ele achava que pensar a respeito das coisas mais sublimes cedo demais nos geraria desgosto por elas.

Ademais, há certa conveniência em abordar as coisas mais tardiamente na vida. Afirma McGinley, "Tiro proveito de minha falta de impaciência. Não tenho ardor por ver tudo imediatamente". Embora sejamos ansiosos para ver a totalidade das coisas, se compreendermos nossa natureza, nós nos esforçaremos para nos contentarmos em prosseguir passo a passo, gradualmente, como recomendava Santo Tomás de Aquino. "Porque sou adulta, não estou sob a pressão nem dos críticos, nem dos professores para gostar de *coisa alguma*", escreve McGinley. Se não estamos sob pressão para gostar de nada, podemos gostar daquilo que deve ser gostado. Podemos confiar no nosso poder de ver e julgar. Podemos estar livres para ver o que poderia, de outro modo, ser perdido, caso fôssemos compelidos a vê-lo.

McGinley, surpreendentemente, acha Anthony Trollope (1815-1882) "maçante", mas isso não é nada contra Trollope, admite ela. Eu mesmo deparei-me com *Barchester Towers* há uns poucos anos. Achei o livro mais prazeroso que li em anos, uma preciosidade. A sua descrição da vida clerical não celibatária na Igreja Anglicana é mais divertida e séria do que poderia suspeitar qualquer clérigo celibatário. Por certo, deveria ser leitura obrigatória para qualquer bispo de credo romano. Também estive, certa vez, na Austrália, onde encontrei em uma biblioteca uma cópia dos diários da visita de Trollope àquele país no século XIX. Entretanto, posso aceitar que a senhorita McGinley o ache "maçante". Ela sabe que nem todos acharão o mesmo.

O favorito de McGinley é Charles Dickens (1812-1870), um juízo com o qual estou certo de que Chesterton concordaria.

> De todas as minhas descobertas, a que quase mais deixou-me sem fôlego foi o próprio Dickens. Quantas pessoas com instrução podem suspeitar da delícia de um encontro tão tardio?,

escreve. Ela passou por um período lendo nada senão Dickens - *Grandes Esperanças, Martin Chuzzzlewit, Oliver Twist, As Aventuras do Sr. Pickwick* e *David Copperfield*. Depois de *A Casa Soturna*, ela parou de lê-lo, apenas para recuperar o fôlego. "É consolador saber que o restante dos romances [de Dickens] estão esperando por mim, nenhum deles envelhecido ou familiar demais para se desfrutar". Chesterton, na famosa biografia de Dickens, observou que Dickens criou centenas e centenas de pequenas personagens estranhas, divertidas e comoventes que ninguém poderia esquecer, quase como se ele partilhasse da abundância criativa das coisas.

No final, McGinley confessa que "ainda há muito a lamentar a respeito de minha educação". Após ler seu ensaio, temos dificuldade em saber do que se trata. Ela sabe que provavelmente é muito tarde para ler "versos latinos no original ou adquirir gosto pelas irmãs Brontës, e essas são lacunas incapacitantes". É por isso que Platão insiste que devemos aprender coisas na ordem apropriada. Ele não tem muita esperança na educação corretiva, ainda que a conceba. E ele tem razão. Se começarmos com maus hábitos, muito provavelmente terminaremos com eles. No entanto, Phyllis McGinley nos lembra que há exceções.

Assim, as consolações da falta de instrução estão aí para nos trazer esperança. Poucos começam bem. Não precisamos ser vencidos por uma má educação, ou por educação alguma. Não precisamos ser derrotados por nossos maus hábitos, se estivermos dispostos a mudá-los. Como Louis L'Amour, em *The Education of a Wandering Man* [A Educação de um Vagamundo], ainda podemos, a cada ano, ler e listar o que lemos e onde lemos. "Ter lido pela primeira vez Dickens, Austen e Mark Twain (1835-1910) quando era capaz de reverenciá-los é bem-aventurança o bastante para qualquer leitor. McGinley escreve, "*Bem-aventurados os analfabetos, porque herdarão o Verbo!*".

V

Vamos, para concluir este capítulo, dar uma segunda vista na bem-aventurança final de McGinley - "*Bem-aventurados os analfabetos, porque herdarão o Verbo!*". O próprio fato de ela ter usado letra maiúscula em "Verbo" lembra que o próprio mundo foi feito *no Verbo*, que o *Verbo se fez carne* para habitar entre nós. Suspeito que McGinley pretendia recordar essa associação de palavra e *Verbo*. O que ela mostrou em seu elogio à falta de instrução? Ela não defendeu que permanecêssemos incultos, que continuássemos desinteressados por livros, que permanecêssemos analfabetos. Em vez disso, ela nos ofereceu um caminho para ler o que, de outro modo, não leríamos se realmente nos tivesse sido "ensinado" em um ambiente formal, se tivéssemos sido obrigados, contra nossas vontades, a lê-lo.

Nossa sociedade, muitas vezes, expressa horror à realidade da falta de instrução, tanto local quanto mundialmente. Nesse sentido, é claro, a falta de instrução refere-se especificamente aos que não sabem ler. No entanto, essa mesma palavra também carrega a conotação de uma forma diferente de ignorância, a de quem sabe ler, mas não lê, ou, ainda pior, de quem não sabe o que ler, ou de quem lê, mas não busca a verdade das coisas. É possível até ler para que não conheçamos, para que possamos formular teorias para justificar nosso não saber *aquilo que é*.

A habilidade de ler é o que nos liberta do tempo e do espaço, sem negar que somos criaturas do tempo e do espaço - uma coisa boa em si mesma. Muitas coisas podem ser "descobertas" sobre as quais já sabemos algo a respeito. A grande consolação da falta de instrução, pensando bem, é a condição de ser surpreendido, de ser seduzido e de encantar-se com o que os homens nos contaram acerca de seu grupo e de suas vidas. Não basta vivermos nossas próprias vidas. Nos foram dadas mentes para que possamos "viver" muitas vidas, em muitas épocas e lugares. Phyllis McGinley estava certa ao nos lembrar que não precisamos saber tudo. E essa falta de limitação é o que nos dá liberdade para desfrutar as coisas quando estamos maduros o suficiente, curiosos o suficiente para vê-las pela primeira vez.

Isso quer dizer que não podemos aprender muita coisa quando somos jovens ou estamos na faculdade? Isso quer dizer que não podemos aprender nada se nos é "exigido" aprender? Essas perguntas tocam na controvertida pergunta do que é ser um professor. Cristo era apenas chamado de "mestre", embora Ele negasse. Sócrates era tido como um mestre; ele negava também. Phyllis McGinley provavelmente não deve ser vista como alguém que se opõe a aprender qualquer coisa na escola para que possamos ter a experiência prazerosa de aprender fora da escola. Entretanto, ela está corretíssima ao descrever a experiência da leitura. Ela também está certa em sair por aí abordando os amigos para ouvir o que acabou de encontrar em algum livro do qual nunca ouviram falar, ou poderiam ter lido, mas nunca por ele foram tocados.

Sempre me ocorreu que tanto ler em voz alta quanto ler silenciosamente para nós mesmos sejam experiências ativas/passivas. Ou seja, por intermédio da leitura, encontramos o que anteriormente não sabíamos. Para fazer isso, devemos estar abertos àquilo que ainda não temos em nossas almas. Os monges ainda têm o costume de "ler à mesa". Quer dizer, em uma das refeições principais, alguém lerá um livro, normalmente um livro não muito denso, mas, ainda, de certa importância, profundidade e encanto. Margaret Craven (1901-1980), autora de *I Heard the Owl Call My Name* [*Ouvi a Coruja Chamar meu Nome*], nos conta que se mudou de São Francisco para Palo Alto para poder se dedicar à escrita. "Pela primeira vez, percebi que a escrita criativa profissional é o único ofício que deve ser praticado em silêncio e solidão"[81].

Igualmente, qualquer leitura, leve ou densa, requer "silêncio e solidão". E, para recordar uma famosa observação de Cícero, não estamos realmente sós quando estamos sozinhos assim. Ler é um ato contemplativo. É uma visão do que ainda não temos. E uma das coisas que mais nos im-

---

[81] CRAVEN, Margareth. *Again Calls The Owl*. Nova York: Laurel, 1980, p. 37.

SOBRE AS CONSOLAÇÕES DA FALTA DE INSTRUÇÃO, REEXAMINADAS

pressiona na leitura é que, quando encontramos algo que nos parece verdadeiro ou mesmo engraçado, nós desejamos compartilhá-lo com alguém. Sentimos que uma coisa ainda não está completa até que falemos sobre ela com outra pessoa, qualquer outra pessoa. É a isso, em parte, que Aristóteles se referiu quando disse que somos animais sociais e políticos.

"A ordem em ação é impossível sem a ordem no pensamento", disse-nos Frank Sheed nos moldes da grande tradição. Mesmo que passemos a ler de forma desordenada, não devemos nos esquecer de que o que estamos fazendo é buscar ordem para nossas almas. Uma das consolações da "falta de instrução" é a possibilidade de encontrarmos essa ordem mesmo quando não a encontramos em nossa educação formal. Certamente, isso é, em essência, o que Phyllis McGinley queria dizer.

Não nos esqueçamos destas proposições:

1. "De todas as minhas descobertas, a que quase mais deixou-me sem fôlego foi o próprio Dickens";
2. "A ordem em ação é vital; a ordem em ação é impossível sem a ordem no pensamento";
3. Quando nos dizem que o Natal foi diminuído "Nunca deem ouvidos a essas tristes reminiscências";
4. *Bem-aventurados os analfabetos, porque herdarão o Verbo!*

CAPÍTULO 6

CAPÍTULO 6

Sobre Nada Saber dos Prazeres Intelectuais: a contenda clássica entre poesia e filosofia

> Uma vez que os prazeres do corpo são intensos, eles são procurados por aqueles que não podem desfrutar de outros prazeres, isto é, por aqueles que, já que nada sabem dos prazeres intelectuais, inclinam-se somente aos prazeres físicos.
>
> SANTO TOMÁS DE AQUINO,
> *COMENTÁRIO À ÉTICA DE ARISTÓTELES.*

Acrescentemos, ainda, o seguinte, para que ela não nos acuse de dureza e rusticidade, pois vem de longa data a querela entre a poesia e a filosofia [...]. Não obstante, declaramos desde agora que se a poesia imitativa e serva do prazer puder aduzir um argumento, ao menos, a favor da tese de que ela é indispensável em toda cidade bem constituída, com maior satisfação a receberemos na nossa, pois temos perfeita consciência do fascínio que ela exerce sobre todos nós[82].

PLATÃO, *A REPÚBLICA.*

Neste mundo, devemos estar preparados para qualquer um dizer qualquer coisa.

P. G. WODEHOUSE,
PEARLS, GIRLS, AND MONTE BODKIN.

I

Podemos reconhecer, juntamente com Phyllis McGinley, que há algo a ser dito sobre como evitar uma educação ruim, se ela [a educação ruim] nos deixar livres para encontrarmos nosso caminho para uma boa educação. Neste capítulo, todavia, quero levar essa reflexão um passo adiante. Vou sugerir que existe, de fato, um perigo em não ter uma vida intelectual genuína. Não quero dizer que todos devamos nos tornar um Aristóteles ou um Tomás de Aquino, mas sugiro que não estamos completos como seres humanos se não obtivermos um gosto verdadeiro pelo aprendizado e, disso, obter real prazer. Não pretendo que este capítulo seja uma polêmica contra os prazeres, mas um argumento a favor deles. É um esforço relacionar os prazeres à ordem das coisas na qual elas originalmente existem. Se negligenciarmos os prazeres mais sublimes, consequentemente, estaremos inclinados a alocar mal os outros prazeres. Desse modo, não estaremos verdadeiramente preparados para apreciá-los.

Em um sábado, 5 de abril de 1760, Samuel Johnson escreveu no *The Idler* que "a única finalidade da escrita é permitir que os leitores aproveitem melhor a vida". Não nos esqueçamos, então, que as Escrituras são a palavra escrita de Deus. E suponhamos também que essa escrita pode ser bem-sucedida, que pode alcançar seu propósito. Precisamos perguntar: o prazer,

---

[82] Platão. *A República,* Livro X, 607b, *op. cit.* (N. T.).

em si, requer uma justificativa adicional? Poderia haver vida sem prazer? Qual é, de fato, a relação entre a vida e o prazer da vida? Ouvimos falar do "homem das dores". É o mesmo que disse ao ladrão: "Eu lhe garanto: hoje estarás comigo no paraíso" (Lc 23, 43). O paraíso não é um lugar de dores.

Aristóteles passou boa parte de tempo com o tema do prazer; em parte, porque ele percebe que é um dos fatores principais que nos encoraja a fazer ou a saber o que é digno. Pode, igualmente, *evitar* que vejamos ou compreendamos o que vale a pena fazer ou saber. Na verdade, paradoxalmente, é tanto um prazer falar sobre o prazer quanto compreendê-lo em todas as variedades. É digno de investigação por si só, apenas para que saibamos o que é. Além do prazer de realmente contemplá-los, compreender que *as coisas são* e *o que as coisas são* é, em si, um prazer. Na verdade, além da experiência do prazer em si, em um prazer intelectual distinto é encontrado na compreensão da essência de qualquer tipo de prazer, incluindo o prazer físico. Nossas mentes sempre se refletem sobre nossas experiências.

Aristóteles até mesmo sugere, no Livro I de Ética a *Nicômaco* que o prazer, juntamente com o dinheiro, a honra e a contemplação, pode servir como uma possível "definição" da felicidade humana. De fato, provavelmente já encontramos pessoas que definem felicidade desse modo. Tudo o que eles se propõem a fazer por si é considerado apenas à luz da sua busca pelo prazer. Aristóteles não crê que o prazer *per se* seja uma definição adequada da felicidade que buscamos e para qual somos ordenados em nosso próprio ser. Entretanto, ele compreende perfeitamente bem como as pessoas chegam a pensar que o prazer possa ser seu propósito. Assim, ele sobriamente nos adverte, no final do Livro II de sua Ética que "nós próprios tendemos mais naturalmente para os prazeres, e por isso somos mais facilmente levados à intemperança do que à contenção"[83]. Ainda assim, algum prazer parece ser intrínseco a tudo o que fazemos. A bondade ou a maldade de um prazer, ademais, sempre se relaciona não a si mesmo, ao prazer, mas à bondade ou à maldade do ato em que é encontrado.

Aristóteles, além disso, não opõe "prazer" a pensamento ou espírito. Em vez disso, ele diz que há um prazer intrínseco a tudo o que é digno de fazer, pensar ou realizar. Ter satisfação com o que é digno de satisfação é a essência de nosso ser humano. Como sinal dessa verdade, Aristóteles salienta algumas coisas que ainda gostaríamos de fazer, mesmo que, ao mesmo

---

[83] ARISTÓTELES. Ética a *Nicômaco*, Livro II, cap. 8 (1109a14-16). (N. T.).

tempo, elas não nos trouxessem prazer - "a vista, a memória, a ciência, a posse das virtudes"[84], por exemplo. Esse discernimento profundo revela a distinção entre prazer e a ação na qual ele normalmente existe. Isso não nega que, embora o prazer e a ação em que ele existe sempre estejam juntos em uma e a mesma experiência, eles podem ser intelectualmente distinguidos. Podemos cuidar mais de um do que de outro.

Com frequência pensamos que os prazeres devem ser concebidos em relação às dores que se lhes opõem. No entanto, em uma reflexão cuidadosa, Aristóteles nos recorda de que

> os prazeres do aprender e, entre os que nos proporcionam os sentidos, os do olfato, e também muitos sons e sensações visuais, além das recordações e das esperanças, não pressupõem dor[85].

O fato de que as coisas nos deem prazer está longe de ser motivo de preocupação, como se fosse, de alguma maneira, pecaminoso deliciar-se no que é prazeroso (devemos ficar preocupados se elas não nos trazem prazer, preocupados com o fato de o mundo não seja apropriadamente criado - uma preocupação real para muitos que, por certo, pensam não haver ordem no universo). Justamente o oposto é verdadeiro: somos feitos para nos deliciarmos com as coisas - com os cheiros, com as visões, com a matemática, com nossas memórias e nossas expectativas. Ser não é limitado ou parcimonioso, como somos, com muita frequência, tentados a acreditar.

> As atividades do pensamento diferem em espécie das dos sentidos, e dentro de cada uma dessas classes existem, por sua vez, diferenças específicas; logo, os prazeres que as completam também diferem do mesmo modo entre si

explicou Aristóteles,

> Isto é confirmado pelo fato de estar cada prazer estreitamente ligado à atividade que ele completa. Com efeito, cada atividade é intensificada pelo prazer que lhe é próprio, visto que cada classe de coisas é mais bem

---
[84] Idem, *ibidem*, Livro X, cap. 3 (1174a4-6). (N. T.).
[85] Idem, *ibidem*, Livro X, cap. 3 (1173a16-19). (N. T.).

julgada e levada à precisão por aqueles que se entregam com prazer à correspondente atividade[86].

Não somos a causa do ser que pode ter prazer - ou seja, de nós mesmos - mesmo quando temos, de fato, prazer com algo que não somos nós mesmos. Um dos grandes mistérios do mundo, na verdade, é o espanto de que as coisas nos deleitam, nos dão prazer. Somos duros de mente e de coração se nunca fomos tocados pelo fato de que as coisas realmente existem e podem nos dar prazer; que existe algum relacionamento entre nós e o mundo, um relacionamento que, aparentemente, não é causado nem por nós nem pelo mundo.

Contrariamente à opinião comum, a alegria é mais difícil de explicar que o sofrimento. Os prazeres são mais difíceis de explicar do que a dor. A dor, ao menos, tem um propósito - apontar o lugar da mágoa. Entretanto, o prazer existe por si mesmo, até quando o ato em que existe relaciona-se com algo mais. Observe que Aristóteles disse que uma pessoa na melhor das condições experimenta mais prazer quando confronta, ou pensa, o objeto mais sublime de sua faculdade mais excelsa, seu intelecto. Ao falar, com precisão, de nossa faculdade mais excelsa e de seu objeto mais sublime, Santo Tomás de Aquino desenvolve a noção de visão beatífica como o único objeto que pode nos fazer "repousar" plenamente, para empregar uma expressão de Santo Agostinho. De fato, o próprio Aristóteles insinua a mesma ideia: "não existe apenas uma atividade do movimento, mas também uma atividade do repouso, e experimenta-se mais prazer no repouso do que no movimento"[87]. A própria ideia de uma atividade em "repouso" nos leva às mais profundas considerações, nada menos que o vislumbre que oferece à natureza da vida trinitária.

II

Em grande parte, a cultura consiste na capacidade de relacionar o prazer de uma coisa ao objeto da ação, ou do pensamento em que o prazer propriamente existe - o tempo certo, o lugar certo, as circunstâncias corre-

---
[86] Idem, *ibidem*, Livro X, cap. 5 (1174b21-24). (N. T.).
[87] Idem, *ibidem*, Livro VII, cap. 15 (1154b22-23). (N. T.)

tas. Em *Pro Archia*, seu discurso sobre as artes liberais, Cícero recorda a seus ouvintes o poder da poesia para honrar a cidade e aqueles feitos e virtudes nobres que ela representa. Evidentemente, Cícero nos conta, que Alexandre, *o Grande* (356-323 a.C.) costumava ter em seus exércitos um grande número de historiadores que deveriam registrar seus famosos feitos - uma forma de vaidade, sem dúvida; mas, então, os feitos de Alexandre foram realmente grandiosos e somos gratos por terem sido registrados.

"E, no entanto," nos conta Cícero, "ao parar [Alexandre] ao lado do túmulo de Aquiles, em Sigeu, ele proferiu as seguintes palavras: 'Ó afortunado jovem, que encontraste em Homero, pregoeiro de teu valor!'" (X. 24)[88]. Cícero continua explicando por que Alexandre estava certo em ter tal sentimento, pois, "se não tivesse existido essa magnífica *Ilíada*, o mesmo túmulo que cobrira o seu corpo lhe teria também encoberto o nome!" (X. 24)[89]. De fato, estamos menos preocupados com nosso corpo do que com nossas memórias. Nesse sentido, os poetas são mais importantes que generais ou políticos. O político, sem ninguém para cantar seus louvores, ou seja, sem poetas, logo desaparecerá entre os homens, desconhecido e não pranteado.

Lamentavelmente, no geral, os poetas não são imperadores, exceto, talvez, no caso de Marco Aurélio (121-180) e suas *Meditações*. Marco Aurélio nos exortou: "Regozija-te e repouse em uma só coisa: em passar de uma ação útil à sociedade a outra ação útil à sociedade, tendo sempre Deus presente" (Livro VI, 7)[90]. Isso, ao menos, é o que o imperador queria que recordássemos. No entanto, a vida de Marco Aurélio foi marcada pela tristeza, e não pelo prazer. Às vezes, perguntamo-nos por quê. Seria porque não sabia que o mundo fora criado em prazer e abundância, e não em necessidade e determinação? A filosofia de alguém pode causar tristeza? O grande ideal estoico era alcançar a "apatia", ou uma indiferença calculada ao prazer e à dor, em outras palavras, uma rejeição de tudo o que Aristóteles representava. Na verdade, o que é peculiar ao estoicismo, uma filosofia que não está, de modo algum, morta, é, como costumava dizer N. R. McCoy

---

[88] CÍCERO Marco Túlio. *Em Defesa do Poeta* Árquias. Lisboa: Editorial Inquérito, 1986, p. 43.
[89] Idem, *ibidem*, p. 43-44.
[90] MARCO AURÉLIO. *Meditações*. Brasília: Editora Kírion, 2011. (N. T.)

(1911-1984), um senso de orgulho elevado - uma recusa em aceitar o mundo e, consequentemente, o próprio ser mortal[91].

Pense, todavia, no prazer da música. Platão dedica uma grande atenção à música, como fenômeno tanto filosófico quanto político. Ele observa, quase como um aparte, que uma mudança na música (e no esporte) indica uma mudança no regime de governo. Além disso, Aristóteles sugere que, como parte de nossa educação, devemos aprender a tocar flauta, mas somente para tocá-la mal - uma passagem que lembra a grande passagem de Chesterton de que se vale a pena fazer alguma coisa, vale a pena fazê-la mal.

De qualquer modo, devemos conhecer o suficiente de música, pensava Aristóteles, para sermos capazes de compreendê-la e acompanhá-la. No entanto, devemos evitar não passar o tempo todo praticando e aperfeiçoando-nos em um instrumento como se fôssemos artistas profissionais que tivessem pouco espaço para outras coisas na vida. Aristóteles nos adverte que o amante da flauta fica tão distraído quando tem a chance de ouvi-la tocar, que nada mais escuta senão sua música. A flauta era um instrumento selvagem e indomado para os gregos.

Platão, dizem, pediu que uma flauta fosse tocada por uma jovem donzela trácia na noite de sua morte. Quando ela tocou uma nota errada, ele indicou a melodia adequada com o dedo. Esse foi seu último ato neste mundo, um ato digno de Platão, uma vez que indicava a harmonia do mundo, até na morte. Ainda assim, Platão estava bem certo de que, embora a música podia tocar nossas profundezas, ela também podia, quase sem notarmos, corromper nossas próprias almas e as cidades ao sintonizá-las a padrões de desordem emocional. Subestimamos o poder da música e de seus ritmos por nossa conta e risco.

Nossas almas e corpos estão unidos como um ser e, assim, formam uma pessoa, não duas. Não somos espíritos aprisionados em um corpo, mas almas encarnadas. Tudo a nosso respeito, como assinala Leon Kass no seu maravilhoso livro *The Hungry Soul: Eating and the Perfection of Our Nature* [A Alma Faminta: a Alimentação e a Perfeição da Nossa Natureza], está refletido em nossos corpos, ao passo que o que está fora toca nossas almas, nossos sentidos. Nesse aspecto, todo o nosso corpo é um instrumento. Estamos ligados ao mundo em tudo o que fazemos, vemos e ouvimos, e ele [o

---

[91] MCCOY, Charles N. R. *The Structure of Political Thought*. Nova York: McGraw-Hill, 1963, p. 77-98.

mundo], por sua vez, é obrigado a nos dizer *o que é e existe*. No entanto, nesse exato ver e estar vinculado, transcendemos o mundo; nos perguntamos por que e como tudo o que existe se encaixa, mesmo que o que não é obviamente nosso nos seja dado. A realidade parece relacionar o *ser* ao *dom*, quase como se o ser fosse sua origem.

Chesterton, creio eu, observou que, como crianças e adolescentes, devemos memorizar e recitar poesia pelo prazer do seu som e ritmo, mesmo que ainda não a compreendamos. Dessa maneira, quando tivermos idade o suficiente para compreendê-la, teremos um prazer duplo de conhecer as palavras de cor - algo realizado mais facilmente quando somos jovens e a memória está afiada.

Muitas vezes invejei amigos e professores que tinham memorizado longas passagens de William Shakespeare (1564-1616), de Dante Alighieri (1265-1321), das Escrituras, de Horácio, ou mesmo de "The Shooting of Dan McGrew"[92]. Eles podem, quando a ocasião exigir, recitar essas passagens com vigor e profundidade, até mesmo com humor e musicalidade. O mesmo se aplica à capacidade de tocar piano, de cantar uma ária ou de tocar gaita de foles. Ao ler Belloc, por exemplo, como discutiremos em mais detalhes no próximo capítulo, quantas vezes a música e o cantar melodias há muito memorizadas, muitas vezes com palavras estridentes, entram em seus livros, em especial nos livros de jornadas, como *The Path to Rome* e *The Four Men*.

Como P. G. Wodehouse diz em *Monty Brodkin*, "devemos estar preparados para qualquer um dizer qualquer coisa", incluindo, suponho, o que dizem os hereges, o que é falso, bem como o que é verdadeiro. Note que Wodehouse fala que devemos estar "preparados" para essa eventualidade, como se, de algum modo, não pudéssemos esperar que "qualquer coisa" pudesse acontecer. Quer dizer, apesar da sua exclusão da cidade daqueles poetas que retratavam sedutoramente deuses e heróis fazendo coisas corruptas, Platão ainda convidava os poetas da ordem a voltarem. Ele compreendeu o poder do charme e do ritmo.

Qualquer um pode falar a verdade. Qualquer um pode negá-la. Como disse Aristóteles, temos de ouvir com cuidado tanto a verdade quanto aquilo que não é a verdade.

---

[92] Poema narrativo de SERVICE, Robert W. (1874-1958), publicado pela primeira vez no Canadá, em 1907. (N. T.).

SOBRE NADA SABER DOS PRAZERES INTELECTUAIS:

Podemos, sem dúvida, superestimar a função do prazer em nossas vidas. No entanto, de certa maneira, parece que, hoje em dia, estamos quase mais propensos a subestimar o prazer, em particular os prazeres das coisas mais sublimes:

> Nem a sabedoria prática, nem qualquer estado do ser", observa Aristóteles, "é impedido pelo prazer que ele proporciona. São os prazeres estranhos que têm um efeito impeditivo, visto que os prazeres advindos do pensar e do aprender nos fazem pensar e aprender ainda mais[93].

Assim, Aristóteles afirma que do "pensar", ou seja, da teoria ou contemplação, brota um prazer positivo que precisamos experimentar. Se não experimentamos esse prazer, realmente não temos ideia daquilo para que somos direcionados em nossos seres como "animais racionais", seres que conhecem o que é não apenas a si mesmo - que conhece a si mesmo somente como função do conhecimento de algo que não é ele mesmo. Aristóteles acrescenta, com franqueza,

> Os prazeres são um obstáculo ao pensamento, e quanto mais o são mais nos deleitamos neles, como, por exemplo, o prazer sexual, pois ninguém é capaz de pensar no que quer que seja quando está absorvido nele[94].

Essa observação não pretende difamar nem o ato sexual nem o pensar, mas recordar-nos as suas próprias naturezas e o relacionamento com o todo que é do que se trata a vida humana.

Claramente, Aristóteles não nega que existem tipos diferentes de prazer, alguns dos quais impedem diretamente nosso pensar. No entanto, como Santo Tomás de Aquino, de seu modo calmo, disse no comentário sobre essa passagem: às vezes é racional ser irracional. Nem Aristóteles ou Tomás de Aquino negam a realidade do prazer. Ambos reconhecem sua diversidade e a relação com as realidades que dão origem a isso. De fato, em uma passagem famosa, Aristóteles demonstra seu bom-senso monumental a respeito da questão:

---

[93] ARISTÓTELES. Ética a *Nicômaco*. Livro VII, cap.12 (1153a22-23), *op. cit*. (N. T.)
[94] Idem, *ibidem*, Livro VII, cap. 11 (1152b16-18). (N. T.)

Os que dizem que o homem torturado no cavalete ou aquele que sofre grandes infortúnios é feliz se for bom estão disparatando, quer falem a sério, quer não[95].

Aristóteles não era um estoico. Aristóteles é, por certo, o filósofo que tem a consciência mais vívida do que acontece quando, como ele diz, estamos "disparatando".

III

Quando supomos falar de uma "luta" entre poesia e filosofia, somos, é claro, imediatamente confrontados com a imensa inteligência de Platão, que trouxe essa famosa querela à nossa atenção no Livro X de *A República* (607b). Para compreender essa disputa, devemos considerar, primeiro, as grandes questões: "O que é poesia?", "O que é a cidade?", "O que é filosofia?". Como Leo Strauss observou certa vez, não é a pergunta "como funciona?", mas as perguntas "o que é?" é que são as mais importantes, em particular, a pergunta "*Quid sit Deus?*"[96]. Essa última pergunta, "O que é Deus?" é a última frase do livro de Strauss *The City and Man* [*A Cidade e o Homem*], sua análise da filosofia política clássica. Strauss é o pensador moderno que mais meticulosamente chama nossa atenção para o fato de que a primeira palavra de *As Leis* de Platão e a última do *Apologia* é *theos*, a palavra grega para Deus. O que deve ser observado na pergunta "*Quid sit Deus?*" é que Tomás de Aquino, na *Suma*, só questiona "O que é Deus?" *após* ter respondido primeiro à pergunta "*An sit Deus?*" - "Deus existe?"

As antigas histórias dos deuses são elaboradas em forma de "mitos", histórias que explicam para as cidades humanas suas origens e a ordem de seus sistemas de governo. É sobre essas coisas que cantam os poetas: a fundação das cidades, a defesa das cidades, ou, no caso de Virgílio, a refundação das cidades. Sócrates foi acusado de ateísmo, ou seja, de não acreditar nesses deuses da cidade, muito embora ele tivesse corajosamente sustentado que acreditava no espírito e, portanto, logicamente, nos seres espirituais. Ele comparou os deuses dos poetas com o deus dos filósofos. Ele ficou escanda-

---

[95] Idem, *ibidem*, Livro VII, cap. 13 (1153b19-20). (N. T.)
[96] STRAUSS, Leo. *The City and Man*. Chicago: University of Chicago Press, 1964, p. 241.

lizado com as atividades dos deuses retratados em Homero, de modo que queria banir de sua cidade os poetas que elogiavam tais deuses no discurso. Ele queria que existisse ao menos uma cidade em que a ordem correta da alma fosse reconhecida e mantida, ainda que essa existência estivesse somente no discurso. Toda educação começa com a leitura de *A República*, de Platão, a fim de que, em cada sistema de governo político histórico, com todas as inevitáveis imperfeições, sejamos capazes de manter viva em nossas almas a realidade da melhor cidade, do objeto mais excelso, como diz Strauss, do estudo da filosofia política como tal.

Lembre-se da famosa discussão sobre o tempo em *As Confissões* de Santo Agostinho. "O que é realmente o tempo?", escreve Agostinho. "Se ninguém me pergunta, eu sei; porém, se quero explicá-lo a quem me pergunta, então não sei"[97]. Em uma quarta-feira, no dia 10 de abril de 1776, em uma controvérsia, então em voga, acerca da poesia, Boswell, um tanto exasperado, perguntou a Johnson: "Então, senhor, o que é poesia?" Johnson respondeu: "Ora, senhor, é muito mais fácil dizer o que não é. Todos sabemos o que é a luz, mas não é fácil *dizer* o que ela é"[98]. Todos reconhecemos o que é poesia, o que é filosofia, mas temos dificuldades para explicar ou definir qualquer uma com precisão.

"Todas as coisas, por natureza, têm em si algo divino"[99], observou Aristóteles em uma passagem profunda. Essa afirmação lembra a tese de Santo Tomás sobre a preservação no ser *daquilo que é*, que ele não pode ficar fora do nada por si mesmo. Um ser contingente não causa a si a existência e essa existência só pode ser causada pela existência, ou seja, por *aquilo que é e existe*. Assim, se está fora do nada, se existe, não pode fazê-lo por si só, mas necessita daquilo que causa a existência. Se realmente existe "algo divino" em todas as coisas, então, a afirmativa de que todas as coisas são "interessantes" dificilmente indica a profundidade de qualquer coisa que encontramos. E saber o que são todas as coisas, conhecer o todo, é sobre o que versa a filosofia, ou, ao menos, o que ela busca conhecer. A diferença essencial entre filosofia e poesia é que esta busca conhecer todas as coisas por meio de uma coisa; ao passo que aquela busca conhecer o lugar de ser de todas

---

[97] SANTO AGOSTINHO. *Confissões*. *Op. cit.* Livro XI, 14.
[98] BOSWELL, James. *Life of Samuel Johnson*. Nova York: Oxford, 1931, II, p. 26.
[99] ARISTÓTELES. Ética a *Nicômaco*, Livro VII, cap. 13 (1153b32), *op. cit.* (N. T.)

as coisas à medida que se relacionam umas com as outras, dentre elas, as coisas mais excelsas.

O que é singular a respeito da revelação cristã em sua relação com a filosofia é que ela propõe que todas as coisas são inteligíveis por esse centro em que o divino se encontra com o humano, ou seja, pela Encarnação, na pessoa de Cristo, no Verbo feito carne. Propõe que todas as coisas, em si mesmas, são desnecessárias - que, bem ao contrário das teorias deterministas, elas estão enraizadas na falta de necessidade. Não precisam ser ou existir, mas são e existem. Se são e existem, devem ter fonte na divindade que emana d'Ele mesmo de forma gratuita. Nesse sentido, todas as coisas existem, primeiramente, sob a forma de uma dádiva, do amor que causa a existência do mundo e o orienta de volta à sua fonte por intermédio do plano divino em que existe, por meio do Verbo.

Em seu breve comentário sobre a consagração do Centro Cultural João Paulo II, em Washington D. C. (*L'Osservatore Romano*, 13 de novembro de 2002), o Papa João Paulo II observou,

> A missão do centro é inspirada pela firme convicção de que Jesus Cristo, o Verbo de Deus encarnado, é o centro da história humana e a chave que abre o mistério do homem e revela sua vocação sublime.

Existe um "mistério" acerca do homem. Ele tem um "chamado" - aquele para o qual é ordenado ou "arrastado", para usar a terminologia de Eric Voegelin (1901-1985) - e é, precisamente, "sublime". A história humana tem um "centro". Nesse centro está a Encarnação, o Verbo Encarnado. É aqui que o homem se explica si mesmo. E nós queremos ter a nós mesmos "explicados", por assim dizer. Nossos intelectos buscam a fé, buscam conhecer o sentido pleno *daquilo que é e existe*, sem negar que nada conhecem por si mesmos.

IV

Em uma tirinha antiga de *Peanuts*, vemos Schroeder, muito concentrado, tocando uma peça obviamente complicada de música clássica, cujas notas são desenhadas como saindo do seu piano. Lucy está encostada no piano, de costas para ele. Os olhos dela estão fechados, em meditação. Na segunda cena, Schroeder olha diretamente para ela enquanto ela apoia os cotovelos no piano. Ela afirma, alegremente, "Isso é lindo, Schroeder, o que é?". Na cena seguinte, enquanto Lucy ainda o observa com admiração, Schroeder está de volta ao teclado. Ele responde com firmeza: "Primeiro Prelúdio e fuga do 'Cravo bem-Temperado' de Bach". Na cena final, Schroeder franze as sobrancelhas enquanto Lucy volta a ficar de costas para o piano. "De qualquer modo, é bonito", conclui ela, com naturalidade[100].

Muito do que estou tentando explicar neste capítulo está contido nessa cena encantadora de *Peanuts*. Lucy não é uma artística sofisticada como Schroeder, mas é extremamente esperta. Não se importa com o nome das peças e dos compositores. Não diferencia Johann Sebastian Bach (1685-1750) de Tennessee Ernie Ford (1919-1991), mas isso não a incomoda. Ela tem uma queda por Schroeder, que não lhe dá a mínima, em parte porque ela nada sabe de música ou, talvez, por ser indiferente, em especial, às composições de seu herói, Ludwig van Beethoven (1770-1827). No entanto, aqui, ela mostra um novo lado. Não pode deixar de reconhecer que a peça é bela. Ela admite isso. Ela até pergunta: "o que é isso?" - a pergunta "o que é?". Schroeder lhe diz o nome da peça, mas esse tipo de conhecimento factual não ajuda. Ela sabe, no final, que "de qualquer modo, é bonito". Algo a tocou.

Em seu livro *Heart of the World, Center of the Church* [*Coração do Mundo, Centro da Igreja*], David L. Schindler escreveu que "dar glória a Deus é uma tarefa abrangente para os cristãos, que ocupa não apenas todo o seu tempo, mas também todas as faculdades, bem como a sua vontade"[101]. Quando Lucy ouve uma peça musical, sabe que é bela. Quer saber *o que ela é*. Ela está, a seu modo, envolvida em dar glória a Deus ao dizer que o que ouve é bonito. Essa afirmação seria igualmente verdadeira se dissesse isso a respeito do pôr do sol. E não podemos, de modo livre e consciente, "dar glória" a menos que, primeiramente, sejamos seres que têm o poder ou a capacidade de dar glória - a menos que sejamos um tipo de ser dos quais possa surgir o louvar.

O título deste capítulo é "Sobre Nada Saber dos Prazeres Intelectuais". Essa frase vem de Aristóteles. Ele observou que, se nada soubéssemos

---

[100] SCHULTZ, Charles. *Here Comes Charlie Brown*. Nova York: Fawcett, 1957.
[101] SCHINDLER, David L. *Heart of the World, Center of the Church*. Grand Rapids: Eerdmans, 1996, p. 205.

dos prazeres intelectuais, não poderíamos ser cativados apenas por conhecer *aquilo que é*. Essa falta de apreço pelos prazeres intelectuais é especialmente característica, pensava Aristóteles, dos políticos, embora suspeite que também caracterize muitos acadêmicos e clérigos. Na falta do prazer do deleite intelectual, tendemos a buscar uma espécie de prazer que nada sabe o propósito intrínseco do conhecimento. Nossas mentes buscam conhecer. O que talvez seja único a respeito do cristianismo é ser uma revelação que, sem a menor tentativa de esconder também se dirige ao intelecto. Reconhece que todos, filósofos ou não, precisam ser apropriadamente direcionados às coisas mais excelsas, àquilo para o qual somos ordenados na própria estrutura de nosso ser. Também precisamos primeiramente ser receptores, estarmos abertos ao que não é parte de nós mesmos, de modo que possamos ser capazes de responder *ao que é*.

Deixem-me citar uma última passagem de Aristóteles:

> Ele [o homem] necessita, por conseguinte, ter consciência também da existência de seu amigo, e isso se viverem em comum e compartilharem suas discussões e pensamentos; pois isso é o que o convívio parece significar no caso do homem, e não, como para o gado, o pastar juntos no mesmo lugar[102].

Na última ceia, João nos lembra de uma conversa extraordinária em que Cristo disse aos seus discípulos que não mais os chamaria de servos, mas de amigos. Vista de modo objetivo, essa é, provavelmente, a passagem individual mais importante de nossa literatura, pois demonstra que filosofia e revelação pertencem ao mesmo discurso, à mesma realidade. Ela dá uma resposta divina a uma questão profundamente humana. E Cristo oferece um motivo para chamar seus discípulos de amigos. Não são meros animais que pastam em contentamento. Pelo contrário, eles podem compartilhar pensamentos a respeito das coisas mais excelsas. De fato, Ele lhes diz que são seus amigos porque Ele lhes deu a conhecer tudo o que ouviu do Pai (São João 15, 15)[103]. Ele deu-lhes a conhecer a vida trinitária íntima de Deus e a relação deles para com essa vida. Se isso for verdade, somos naturalmen-

---

[102] ARISTÓTELES. Ética a *Nicômaco*, Livro IX, cap. 9 (1170b12-13), *op. cit*. (N. T.).
[103] "15. Já não vos chamo servos, porque o servo não sabe o que faz seu senhor. Mas chamei-vos amigos, pois vos dei a conhecer tudo quanto ouvi de meu Pai". *A Bíblia*, Tradução Ave Maria. (N. E.)

te atraídos, em resposta, a dar glória, a reconhecer a beleza do *que existe*, não porque as tenhamos criado ou as compreendamos, mas porque temos prazer em conhecê-las, mesmo quando não as conhecemos plenamente.

Assim, uma das funções da revelação não é somente explicar-nos quais coisas Cristo aprendeu do Pai, mas nos instruir a como dar glória de modo apropriado, já que nem todos os modos são adequados ao Deus *que é*. É por isso que as palavras "Já não vos chamo servos, mas de amigos" devem ser compreendidas à luz de "fazei isto em memória de mim". E esse último mandamento deve ser, por si, compreendido à luz do Verbo feito carne que habitou no meio de nós e que, enquanto habitava, foi crucificado sob Pôncio Pilatos, morreu, foi sepultado e ressuscitou ao terceiro dia. Esse é o "mito" que é verdadeiro - a história, como disse Chesterton, que é "boa demais para ser verdade". É também, como escreveu Tolkien, uma *eucatástrofe*, uma catástrofe feliz. Essa é uma das coisas sobre as quais a mente deve pensar quando considera as coisas definitivas.

Na antiga luta entre filosofia e poesia, Platão só permitiu voltar à sua cidade aquela poesia que era bela naquilo que dizia respeito aos deuses, que tinha ritmo e melodia. Ele sabia que, ao fim, havia apenas um caminho para neutralizar a música ou a filosofia que não glorificam a Deus como Ele deve ser glorificado, e esse caminho é produzir uma contrapoesia, uma contramúsica que seja ainda mais bela. Apreender o ponto central do cristianismo no sentido intelectual significa, concordemos com isso ou não, reconhecer que essa poesia ou mito foi produzido, e que essa produção não é, de todo, de origem humana, que nós mesmos não a produzimos.

O poeta que ofuscou Homero, a quem Platão amava, não foi outro senão o próprio Platão. A própria leitura de Platão é um passo em direção à ordem correta de nossas almas, até mesmo de nossas almas cristãs. Quando nós, como cristãos, lemos e somos tocados pelo encanto poético de Platão, podemos, ao mesmo tempo, saber que nos foi dada uma revelação específica, um relato que é endereçado às nossas próprias mentes e, através delas e de nossos corpos, ao cosmos. Estamos cientes de que o cristianismo inclui a cruz, o que, dificilmente, é uma coisa bela. E, ainda assim, temos conosco que Cristo é o Verbo em quem todas as coisas foram feitas. Devemos abordar novamente todas as coisas sob essa luz, até mesmo os sofrimentos, até mesmo a Paixão de Cristo, como o próprio Bach fez na música gloriosa de *A Paixão de Cristo segundo São Mateus*.

No que diz respeito exatamente a esse aspecto, essa Paixão permanece entre nós no sacrifício da missa. "O acontecimento do Calvário que comemoramos e reencenamos", escreveu Robert Sokolowski, "foi antevisto primeiramente, antes que ocorresse, por Jesus. Foi previsto e aceito por Ele como a vontade do Pai"[104]. Com o próprio Platão, a humanidade há muito vem buscando por um modo apropriado de se dirigir à divindade. Não devemos nos surpreender se os homens não tenham encontrado esse caminho por si próprios. Sabemos que há um prazer verdadeiro em conhecer as coisas mais excelsas. E, no fim, ficaremos até mais encantados em saber que nossas perguntas e buscas foram tão dignas que, de fato, foram respondidas. Temos apenas que ouvir - e sim, ouvir, cantar e dançar. É por essa razão que somos chamados para a glória e para dar glórias. *Gloria in Altissimis Deo* (São Lucas 2, 14[105]).

---

[104] SOKOLOWSKI, Robert. *Eucaristic Presence: A Study of the Theology of Disclosure*. Washington: Catholic University of America Press, 1994, p. 14.
[105] "14. Glória a Deus no mais alto dos céus e na terra paz aos homens, objetos da benevolência". *A Bíblia*, Tradução Ave Maria. (N. E.)

CAPÍTULO 7

CAPÍTULO 7

A Metafísica do Caminhar

Ali, os grandes Alpes, vistos assim, unem, de algum modo, a pessoa à imortalidade. Não é possível transmitir, ou mesmo insinuar, aquelas poucas cinquenta milhas e aqueles raros milhares de pés: há algo mais. Deixem-me expor isso assim: do alto de Weissenstein vi, por assim dizer, minha religião. Digo, a humildade, o temor da morte, o terror das alturas e da distância, a glória de Deus, a potencialidade infinita de acolhimento pela fonte que faz brotar aquela sede divina da alma; minha aspiração, também, à realização e minha confiança no destino duplo. Sei que nós, os que rimos, temos um enorme parentesco com o Altíssimo, e é esse contraste e essa desavença perpétua que alimentam a fonte de regozijo na alma de um homem são.

HILARIE BELLOC, *THE PATH TO ROME.*

······· **A VIDA DA MENTE** ·······

> A palavra grega "filosofia" é um caminho sobre o qual estamos viajando. Temos, contudo, apenas um conhecimento vago desse caminho.
>
> **MARTIN HEIDEGGER,** *O QUE É ISTO - A FILOSOFIA?*

> Não há, sobre a Terra, uma coisa tão boa quanto uma estalagem, mas, mesmo entre as coisas boas, deve haver uma hierarquia. Os anjos, dizem, seguem em escalão, e estou pronto para acreditar nisso. Isso é verdade quanto às estalagens. Não cabe ao vagamundo colocá-las em ordem, mas, em minha juventude, a melhor estalagem das estalagens do mundo foi aquela esquecida entre os arvoredos de Bamber.
>
> **HILARIE BELLOC,** *THE FOUR MEN.*

I

À primeira vista, este capítulo parecerá deslocado. As "delícias intelectuais" parecem estar muito aquém do caminhar. Não obstante, este capítulo versa sobre caminhar e, como tal, também fala sobre a vida da mente. É um capítulo sobre as caminhadas de Hilarie Belloc, o literato inglês, que escreveu mais sobre caminhadas do que qualquer outra pessoa. O que tais considerações sobre caminhar têm a ver com leitura, com a "vida intelectual", com aprendizagem? De uma certa maneira, tudo. E por que eu associo a metafísica, talvez a mais difícil das disciplinas intelectuais, com caminhar? Não é simplesmente um paradoxo, creio eu. Há uma diferença entre caminhar uma milha em uma estrada rural e saber a distância exata percorrida em uma milha. A primeira experiência nos mostra as coisas *como elas são* de um modo que a distância matemática, ainda que não possa ser negligenciada, não consegue.

A primeira intenção dos livros não é nos remeter a outros livros, embora não haja nada de errado se assim o fizerem. Vimos que Santo Tomás nos leva a Aristóteles e Santo Agostinho nos leva a Platão. Os livros têm como objetivo nos levar àquilo que é e existe. Os livros têm como objetivo nos guiar para enxergarmos o que é visível e o que é invisível. Às vezes, pensamos que as coisas mais excelsas são aprendidas à parte das coisas comuns. Entretanto, isso não é verdade. Os maiores filósofos, em certo sentido, afirmam o que já sabemos, o que já vemos. Portanto, como em todos os capítulos deste livro, temos aqui outro modo de enxergar. Descobrimos uma maneira de olhar os arredores enquanto caminhamos e um modo de caminhar que nos leva ao conhecimento *daquilo que é e existe* - à metafísica, a ciência do ser enquanto ser, como dizem.

Se somos platônicos ou aristotélicos, como espero que sejamos, devemos, em certo sentido, também ser peripatéticos, ou seja, aqueles que aprendem caminhando, normalmente, ao redor das cidades se formos gregos; ou ao redor do campo, se formos ingleses. Dizem que Sócrates deixou Atenas somente uma vez, além do exército, e o fez para o passeio no campo descrito em *Fedro*. Sócrates pergunta a Fedro onde ele esteve e para onde está indo. Fedro responde:

> Venho da casa de Lísias, filho de Céfalo, caro Sócrates, e vou dar um passeio até lá fora das muralhas. Estive muito tempo com Lísias, passei toda a manhã sentado! Ora, seguindo os conselhos de nosso amigo comum, Acúmeno, costumo dar os meus passeios por caminhos longos, porque são muito mais salutares que os passeios debaixo das arcadas[106].

Sócrates não teve problemas, ao menos naquele dia específico, em concordar com sua preferência por caminhar no campo em um dia quente.

Devemos recordar que Céfalo, pai de Lísias, era o cavalheiro idoso que, no início de *A República*, estava aborrecido porque Sócrates não foi ao Pireu (porto marítimo de Atenas) para vê-lo, já que o próprio Céfalo estava velho e não podia mais circular facilmente pela cidade. Sócrates, no entanto, protesta que ele, de fato, gosta de falar com idosos, pois eles são capazes de ensiná-lo como melhor percorrer um caminho que talvez todos tenha-

---

[106] PLATÃO. *Fedro ou Da Beleza*. Lisboa: Guimarães Editores, 2000, p. 9-10. (N. T.)

mos que seguir[107]. Essa passagem nos lembra que o próprio símbolo do caminhar é, em si, uma analogia para o caminho de nossas vidas, da concepção à morte e além. Viemos de algum lugar e temos algum lugar para onde ir - como disse Chesterton ao final de *Dickens*, a estrada, por fim, nos leva à estalagem, e não a estalagem à estrada. Ou, como disse Sócrates,

> Sempre achei que podem dizer como é o caminho por eles percorrido e que nós talvez tenhamos de vencer, irregular ou penoso, ou fácil e cômodo de palmilhar.

Embora Céfalo fosse rico, ainda estava preocupado com a vida, como a havia vivido, o que deveria fazer para reparar seus erros. Ele obviamente compreendeu que a estrada leva a um lugar para o qual, por fim, iremos.

Nasci e fui criado numa cidadezinha em Iowa, onde caminhar no campo fez parte de minha juventude. Vivi muito de minha vida posterior em três cidades - Roma, São Francisco e Washington - cada uma delas, cidades para caminhar, cidades para ver e ouvir. Toda cidade deve ser vista a pé, ou não será vista, absolutamente - até mesmo sobre Los Angeles, a cidade dos automóveis, só posso dizer que, apesar de sua vastidão, é repleta de lugares nos quais é agradável caminhar. Tais cidades não permitem que simplesmente as "olhemos". Para ver tais cidades, devemos vagar por elas repetidas vezes, por um longo período de anos. Como cada cidade surgiu? Por que ali estamos, a vê-las? - essas são as nossas perguntas. Caminhar não é mero exercício, e podemos, com um pouco de esforço, fazer caminhadas na maioria de nossos dias fugazes.

II

Eu não visito um lugar, uma cidade, uma área rural em que não tente caminhar, mesmo que seja por um breve espaço de tempo. Estive certa vez, por exemplo, em Stamford, Connecticut, um lugar sobre o qual eu nada sabia naquela época. Eu tive quarenta e cinco minutos para caminhar pelas ruas do centro da cidade. Os ruídos, os espaços, os odores, os movimentos das pessoas, dos animais, das máquinas, tudo é importante.

---

[107] Cf. Platão, Protágoras, 328c-e

Nada nos dá a certeza de que um lugar é real mais do que caminhar por ele, por suas estradas ou calçadas, ou mesmo na sua grama. Quando colocamos o pé no chão, o terreno em que pisamos já está ali. Nós não o pusemos ali, nem nos demos os dois pés com que caminhamos. Uma vez que reconheçamos que algo é, de fato, "real", ou seja, *que* é e existe, podemos começar aquela segunda aventura de nossa existência, que não é somente saber que existe algo além de nós, mas indagar sobre o que isso significa. *Omne ens est verum*. Sem conhecer, a existência não está completa. Para esse último projeto, como um guia seguro, ninguém melhor que Hilaire Belloc.

"O amar uma aldeia, uma casa de campo, é uma coisa", Belloc escreveu em um ensaio chamado "On Old Towns" ["Sobre Cidades Antigas"].

> Podeis ficar no lugar em que nascestes ou crescestes, especialmente, se esse for um lugar em que passastes aqueles anos em que a alma é combinada ao corpo, entre, digamos, os sete e dezessete anos, e podeis olhar para a paisagem do alto, mas não sois capazes de determinar quanto de vossa forte afeição é do homem e o quanto é de Deus[108].

De fato, quanto de nossa afeição é do homem e quanto de nossa afeição é de Deus? - essa é uma pergunta última.

Um pouco antes de seu aniversário de setenta anos, minha meia-irmã, Mary Jo, agora em Clarksville, no Tennessee, disse-me que ela e seu filho esperavam, naquele verão, visitar a cidade em Iowa onde havíamos estudado, de modo que seu filho, agora um homem crescido, pudesse ver as casas e os lugares em que sua mãe outrora vivera. Esse vagar pelas dimensões físicas de nossas origens está próximo do ponto de Belloc. Até em nós mesmos, não distinguimos facilmente entre as coisas que nos são mais importantes, quais vêm do homem e quais vêm de Deus. No projeto de conhecermos, não basta saber que nascemos de nossos pais, embora saibamos essa origem imediata e queiramos conhecê-la.

Essa consideração, igualmente, nos traz à mente o *Críton*, de Platão, em especial, a conversa famosa das leis de Atenas com Sócrates. As leis personificadas o lembram de que os laços matrimoniais de seus pais eram segundo o costume ateniense. Em outras palavras, nossas próprias origens

---

[108] BELLOC, Hilaire. "On Old Towns", in: *Selected Essays of Hilaire Belloc*. Londres: Methuen, 1941, p. 277.

têm algo que já está fora de nosso controle: o primeiro encontro, acidental ou divino, de nossos pais. Isso é especialmente verdadeiro se acreditarmos que a alma que informa nossos corpos particulares é imortal, criada de maneira direta somente pelo poder divino. Ela não dá causa a si mesma. Embora pareçamos com nossos pais ou com nossos avós, a luz de nossos olhos vem da eternidade.

Assim, ao encontrarmos até a nós mesmos, encontramos mais do que nós mesmos. Sabemos que nossa resposta ao comando délfico: "Conheça a si mesmo" é, na melhor das hipóteses, inadequada. Logo descobrimos que, em conhecendo a nós mesmos, devemos primeiramente conhecer o que não somos nós mesmos. Não somos o objeto direto de nosso conhecimento. Conhecemo-nos indiretamente ao conhecer algo diferente de nós mesmos. Somos libertos para conhecer, de fato, por quase todas as coisas que não são e existem em nós mesmos. Nesse sentido, todas as coisas físicas transcendem a si mesmas em nosso conhecimento.

Entretanto, um passeio pela Inglaterra, França, África, Espanha ou Califórnia, cada um deles um local memorável de um passeio de Belloc, não é, à primeira vista, nem de perto tão solene quanto os nossos próprios nascimentos. Podemos realmente falar de uma "metafísica" do caminhar? A metafísica, afinal, é uma palavra um tanto pesada. Podemos falar disso somente, penso eu, se o caminhar nos puser, de modo singular, em contato com a realidade, com *aquilo que é e existe*, com aquilo que não somos nós mesmos. Jean-Jacques Rousseau (1712-1778), no segundo de seu *Os Devaneios do Caminhante Solitário*, escreve:

> Tendo, então, concebido o projeto de descrever o estado habitual de minh'alma na posição mais estranha em que um mortal pode encontrar-se, não vi caminho mais simples e mais certo para cumprir a empreitada do que manter um registro fiel de minhas caminhadas solitárias e dos devaneios que as povoam quando deixo a mente completamente livre e deixo as ideias seguirem suas inclinações sem resistência ou constrangimento. Essas horas de solidão e meditação são as únicas do dia em que sou plenamente eu para mim mesmo[109]

---

[109] ROUSSEAU, Jean-Jacques, *The Reveries of the Solitary Walker*. Nova York: Harper Colophon, 1979, p. 12. No Brasil encontramos a seguinte edição: ROUSSEAU, Jean-Jacques. *Os Devaneios do Caminhante Solitário*. São Paulo: Nova Alexandria, 2018. (N. E.)

No entanto, Belloc, que às vezes parece um homem especialmente solitário, está mais próximo da verdade. Ele é totalmente ele mesmo quando o objeto de suas reflexões não é ele mesmo. Rousseau, por outro lado, quase parece pensar que sua liberdade consiste em remover as coisas reais dos seus devaneios, de modo que possa pensar sem estar fundamentado ou sobrecarregado por uma ordem das coisas que não seja produto de seu engenho. As caminhadas solitárias de Belloc são muito diferentes, como veremos.

III

Uma "metafísica do caminhar"? Estamos sós quando sozinhos? Cícero disse que nunca ficava menos ocioso do que quando estava consigo mesmo. O próprio Belloc, ele mesmo uma vez aluno da escola do Oratório de John Henry Newman, em Birmingham, começou seu ensaio sobre a cidade de Arles, na França, de uma maneira que só poderia ser feita por um leitor cristão dos clássicos gregos - ou seja, por alguém que pudesse combinar metafísica e história, o conhecimento das coisas e as próprias coisas.

> A utilidade e o prazer de uma viagem estão intimamente associados, pois seu uso é a satisfação, e, ao satisfazermo-nos, desfrutamos de um grande prazer. Todo homem traz em si não só a própria experiência direta, mas todo o passado do sangue: as coisas que a própria raça fez são parte dele mesmo e, nele, também, está o que sua raça fará quando estiver morto [...]. A História, portanto, uma vez que o homem tenha começado a conhecê-la, torna-se um alimento necessário à mente [...]. Entretanto, a História, se é para sermos justos e verdadeiros e não nos tornarmos palco de cenas etéreas, fantasticamente colorizadas pelos últimos tempos, deve ser continuamente corrigida e moderada pela visão e pelo tratamento das *coisas*[110].

A Metafísica é a ciência do ser *qua* ser [do ser enquanto ser], das primeiras coisas e suas causas. Ficamos surpresos que algo, incluindo nós mesmos, esteja fora do nada. Até para meditar sobre o nada, devemos co-

---
[110] BELLOC, Hilaire. "Arles" in: *Hills and the Sea*. Malboro: The Malboro Press, 1906, p. 61.

meçar por algo que não seja nós mesmos. Belloc, provavelmente, não teria se autodenominado exatamente um metafísico profissional (se é que, na verdade, isso existe). Ainda assim, fiquei satisfeito de deparar-me, por acaso, ainda mais na *internet*, com o prefácio que Belloc escreveu em 1927 para o livro de Vincent McNabb (1868-1943), *The Catholic Church and Philosophy* [*A Igreja Católica e a Filosofia*]. Mencionei esse ensaio na introdução deste livro. Belloc empregou a palavra "descoberta" em conexão com a filosofia. Ele entendeu que deveria deixar claro como essa palavra, "descoberta", se aplicava à filosofia - ela mesma uma aventura da descoberta do *que é e existe*. "Descobrir" algo sugere que a coisa já está lá. Isto é, nós, ao contrário de muito do pensamento moderno, não inventamos em nossas mentes o conteúdo daquilo que pensamos. Não podemos "encontrar" uma coisa a não ser que essa coisa exista.

"Filosofia significa, em primeiro lugar, o amor pelo conhecimento - o conhecimento último das realidades últimas", escreveu Belloc,

> E, por extensão, em especial significa a resolução de questões que a razão propõe para si relativa aos assuntos mais importantes com os quais a mente pode lidar. Assim, essa palavra "descoberta" é especialmente aplicável à função filosófica - a ação do intelecto quando é bem-sucedida na indagação filosófica. Por exemplo, uma das primeiras questões que o homem se faz é se sua personalidade é mortal ou não. A resposta dada a tal questão é a suposta solução de um problema e, se a resposta é verdadeira, é uma descoberta. Ou, mais uma vez, um processo de raciocínio que estabelece a existência de um Deus pessoal é uma descoberta[111].

Platão fala de um *eros* que nos compele a buscar as coisas mais excelsas. Note que a ênfase de Belloc não é simplesmente na filosofia como "questionamento", o que a tornaria uma espécie de platonismo equivocado, mas, em vez disso, como uma resposta que traz sugestões de Santo Tomás de Aquino. A verdadeira descoberta não é termos perguntas, mas termos respostas a essas perguntas. Nossas mentes não podem se satisfazer com o simples questionamento, muito embora a pergunta seja o início da busca por uma resposta.

---

[111] BELLOC, Hilaire. "Prefácio", em: MCNABB, Vincent. *The Catholic Church and Philosophy*. Nova York: Macmillan, 1927.

IV

Não é preciso dizer que, quando se lida com Belloc e com o caminhar, pensamos nas estalagens em ele que repousou - lembre-se da estalagem em Bamber - e que esse inveterado caminhante também era um marinheiro - *The Cruise of the Nona* [*O cruzeiro do Nona*] é o livro de Belloc sobre o velejar pelas Ilhas Britânicas. Na passagem por Arles, como vimos, Belloc nunca perde de vista a necessidade metafísica de "ver e manusear" *coisas* reais. Ele constantemente nos lembra que *as coisas são e existem*, que nada podemos descobrir a respeito delas a não ser que olhemos para elas, que as sintamos. Belloc também nos lembrou de que estamos presos ao passado e ao futuro dessa mesma raça de homens a que pertencemos. Em Belloc, a terra simboliza a realidade que conhecemos e precisamos perscrutar. O mar é o chamado para algo além de nós mesmos.

"Nunca naveguei no mar, mas imagino o que faça um povo entregar-se a ele e então abandoná-lo novamente", escreveu Belloc em um ensaio chamado "On Sailing the Seas" ["Sobre velejar pelos mares"].

> Navegar pelos mares é uma ocupação, ao mesmo tempo, repulsiva e atraente. É repulsiva porque é perigosa, terrivelmente desconfortável, confinante e artificial, pois o homem é um animal terrestre [...]. Um homem que velejou pelos mares e que adquiriu o hábito, sempre a ele retornará; o motivo, não vos pode dizer. É o que os modernos chamam de "chamariz" ou "vocação". Traz isso em si e isso não o deixará em paz[112].

Belloc compreendeu que dentro de nós há, de fato, um "chamado", até mesmo uma "inquietação" que faz com que saiamos de nós mesmos. Apesar de sua concretude, há algo quase platônico em Belloc. Ele não minimiza as dificuldades dos navios à vela. Ele sabe que o homem é um "animal terrestre".

Mais adiante, no mesmo ensaio, Belloc fala de seus "próprios pequenos portos no Canal", lugares cheios de homens que vão para o mar, ele fala sobre o Morbihan, a terra e a costa do sul da Bretanha e a a península de Quiberon. Os homens de lá "produziram navios enormes guarnecidos

---

[112] BELLOC, Hilaire. "On Sailing the Seas", in: *Selected Essays of Hilaire Belloc. Op. cit.*, p. 143.

de correntes de ferro, ostentando velas de couro, mas não tendo lugar algum, poderíamos pensar, onde pudessem negociar". O que pretendiam?

Os romanos, sob o comando de Júlio César (100-44 a.C.), conta-nos Belloc, certa vez, defenderam esses homens de Morbihan, nas águas ao "norte de St. Nazaire".

> Mas, que luta travaram! Creio que foram ao mar simplesmente por amor, esses homens de Morbihan, assim como fazem seus descendentes hoje em dia. Eram todos, pois, homens pobres e pouco obtinham de sua ocupação além de sonhos e da morte[113].

César, prático como era, executou todos os marinheiros derrotados de Morbihan para que não houvesse mais ameaça naval daquela direção. Entretanto, eu lhe pergunto, existe frase mais bela na língua inglesa que esta de Belloc? - "Eram todos, pois, homens pobres e pouco obtinham de sua ocupação além de sonhos e da morte".

V

O último ensaio do *Hills and the Sea*, de Belloc, é intitulado "The Harbour in the North" ["O porto no Norte"]. Começa assim, "Naquela costa da Europa donde não se avista outra costa, uma vez, deparei-me, por acidente, com um certo homem"[114]. Até onde eu posso determinar, esse porto inominado fica na costa nordeste da Escócia, voltado para o norte em direção às Ilhas Orkney e ao Oceano Ártico. Belloc navegou até esse pequeno porto e baixou âncora na maré baixa. No silêncio da manhã, ouviu um homem "cantarolando em voz baixa" para si mesmo. Ele o viu em um barco próximo. O barco era "robusto e alto, e eu deveria imaginar um calado reto. Ela tinha um grande mastro. Ele trazia uma vela que era marrom", conta-nos Belloc, meticuloso[115].

Belloc puxou conversa com o homem, que respondeu "com uma voz baixa e feliz". Ele disse, "Estou saindo para ver o que está além-mar".

---

[113] *Ibidem*, p.148.
[114] BELLOC, Hilarie. "The Harbour of the North", em: *Hills and the Sea. Op. cit.*, p. 216.
[115] *Ibidem*, p. 217.

Belloc, naturalmente, quis mais detalhes; "para qual costa?", perguntou. O homem respondeu: "Estou neste mar rumo ao norte, para onde dizem não haver mais costa alguma". O homem parecia ter um plano. Ele tinha se preparado para uma longa viagem e havia algo quase místico a seu respeito. Quando Belloc o pressionou um pouco mais, o homem respondeu:

> "Este é o porto do norte sobre o qual, outrora, um padre bretão disse-me que haveria de chegar e, quando nele atracasse, pusesse meus provimentos em ordem a bordo, deveria levantar velas antes da manhã e alcançar, por fim, repouso completo". Então, prosseguiu, ávido, embora ainda falasse baixo: "A viagem que nasci para fazer, no final, e para qual o desejo impulsionou-me, é rumo a um lugar onde tudo o que conhecemos é esquecido, exceto aquelas coisas que, como as conhecemos, nos recordam de uma alegria original"[116].

O homem disse que havia também um porto ao sul. Ele não conhecia as pessoas felizes de lá, mas pensou que elas o receberiam. Quando ele chegou ao seu destino, disse, "deixarei o mar para sempre, e todos me chamarão pelo nome". O sol estava nascendo, e Belloc não obteve uma boa visão do homem, mas acreditava, pela voz, que era "do Ocidente".

Ao perceber que o que esse homem buscava era algo transcendente, Belloc lhe disse: "Você não vai conseguir chegar a esse porto, ele não é deste mundo"[117]. Nesse momento, o vento aumentou, e o homem navegou para fora do porto no norte, mantendo o leme firme, até que estivesse fora da vista de Belloc. Ele, então, conclui tanto o ensaio quanto o livro, no seguinte modo exaltado:

> Ah, meus companheiros! Tanto vocês, aos quais dedico este livro, quanto vocês que me acompanharam sobre outras colinas e outras águas, ou antes dos canhões na Borgonha, ou vocês, outros, que estiveram comigo quando eu parecia estar só - aquela costa posterior era o lugar que procurávamos em cada cruzeiro e marcha, o local que cremos, finalmente, haveremos de ver. Nós também temos em mente aquela cidade da qual me

---

[116] *Ibidem*, p. 218-219.
[117] *Ibidem*, p. 220.

falou o homem no porto da Escócia antes que navegasse rumo ao Norte para achar o que pudesse encontrar.

E, assim, Belloc nos fala do encanto presente em cada aventura, na terra ou no mar. Nós buscamos um porto ou um lar definitivo em tudo o que buscamos, um lugar que nos lembre dessa "alegria original".

Os poetas e os filósofos, no que têm de melhor, também nos falam dessas coisas. Entretanto, ao final, como Belloc nos diz de modo bem sóbrio, "Eu não o segui, pois, mesmo que o tivesse seguido, não teria encontrado a Cidade". Como disse Santo Agostinho, a Cidade de Deus, a "vila" de Deus, não é deste mundo, mas isso não significa, contrariamente a Maquiavel (1469-1527), que não exista.

VI

Tréveris (Trier) é a cidade mais antiga da Alemanha, remonta à época de Constantino I (272-337). É uma das cidades alemãs das quais Belloc gostou, principalmente porque traz em sua fundação algo mais antigo e maior do que a própria Alemanha.

> Toda a grande transição da Europa pagã para a medieval pode ser sentida mais em Tréveris do que sentimos em Aix; e isso, suponho, é porque as raízes de Tréveris são mais profundas, mas, em parte, porque Tréveris é mais uma cidade fronteiriça[118].

O gótico invadiu Tréveris no período de um século após a sua chegada a Paris. Belloc visitou a igreja de Nossa Senhora em Tréveris e, ali, encontrou "algo ainda mais surpreendente do que seu testemunho inicial do espírito ocidental de Tréveris"[119]. À "esquerda do coro", ele encontrou uma pequena estátua de arenito de Nossa Senhora "do tipo mais celestial". Ninguém fotografou muito essa estátua, ninguém parecia saber muito a seu

---

[118] BELLOC, Hilarie. "Treves", in: *Selected Essays*, MORTON, J. B. (ed.), Harmondsworth: Penguin, 1958, p. 189-190.
[119] *Ibidem*, p. 190-191.

respeito. Entretanto, ela era muito melhor que as coisas comuns que vira em Metz, Berlim, Posen e Leipzig.

Belloc, então, nos dá outra percepção sobre a metafísica do andar, sobre a necessidade de realmente ver e tocar as coisas, de permitir que as coisas realmente colidam com o nosso mundo:

> Ao vislumbrar, ali, tão nobre estátua, pensei comigo mesmo, qual seria a vantagem se as pessoas que escrevem sobre a Europa realmente viajassem. Se pudessem parar de ir de um grande hotel cosmopolita para outro e parassem de nos oferecer recortes de jornais como expressões da alma popular! Se ao menos olhassem ao redor, caminhassem e vissem as coisas com os próprios olhos[120]!

Temos de "olhar ao redor", "caminhar" e, por fim, "ver as coisas com nossos próprios olhos". No entanto, vivemos em uma época em que nossa epistemologia, muitas vezes, não nos permite confiar em nossos próprios olhos. Vemos, mas não cremos que aquilo que vemos tem existência própria.

VII

O maior responsável por não vermos o que há para ser visto é, sem dúvida, René Descartes (1596-1650). No livro de Belloc, *Characters of the Reformation* [*Personagens da Reforma*], ele dedica um capítulo a Descartes e outro a Blaise Pascal (1623-1662), os quais ele considera representantes da filosofia que formou a modernidade:

> Em meio a essas personalidades políticas, reis, estadistas e soldados, os quais temos considerado em conexão com a grande batalha religiosa do século XVII, nós devemos nos dirigir, por um momento, a dois homens que não tinham poder político. Não foram soldados, estadistas, nem homens de qualquer posição hereditária, mas influenciaram a mentalidade

[120] *Ibidem*, p. 191.

da Europa de tal forma que o efeito indireto deles pesa mais que o efeito direto de outros[121].

Belloc via as origens do "racionalismo" em Descartes e do "emocionalismo" em Pascal, ao mesmo tempo que ambos se mantiveram ortodoxos por toda a sua vida, um pensamento que nos faz refletir acerca da relação entre fé e conhecimento.

Belloc considerava Descartes uma grande mente. Dele temos "a tendência em toda a filosofia chamada 'moderna' que, até recentemente, tornou-se cada vez mais cética a respeito do mistério, cada vez menos preocupada com o que não é visto e cada vez mais ocupada com questões suscetíveis de experimentação repetida e apreciação física"[122]. Isso é racionalismo, que sustenta que aquilo que conhecemos não é realmente a coisa analisada, mas, em vez disso, é o que nosso método nos permite conhecer, e conhecer em nossos termos.

Como disse Belloc, "entendemos por racionalismo cartesiano o hábito de submeter todo o exame da realidade (isto é, toda a busca pela verdade) a um certo processo que é chamado 'da razão' e 'tão somente da razão'"[123]. Tanto Descartes quanto Pascal foram "grandes matemáticos", o que significa dizer, homens que estudaram a matéria extensa sem movimento. No pensamento de ambos, as coisas do espírito foram separadas do exame do ser.

Descartes, de maneira sistemática, eliminou do conhecimento tudo de que podia duvidar, até que, por fim, chegou ao que, aparentemente, não podia duvidar: sua própria existência. Entretanto, mesmo essa certeza baseava-se no postulado de que aquilo que ele conhecia além de si mesmo exigia não o conhecimento das coisas reais, mas uma prova da existência de um Deus que não nos enganaria. Belloc acreditava que o postulado de Descartes, "Penso, logo existo" era verdadeiro, mas ele também assinalou que era "o postulado de um cético, e tem agido, desde então, como um veneno"[124]. Esse "veneno" nos impede de conhecer a verdadeira relação de nós mesmos com aquilo que não somos.

---

[121] BELLOC, Hilarie. "René Descartes", em: *Characters of the Reformation*. Garden City: Doubleday Image, 1961, p. 172.
[122] *Ibidem*, p. 174.
[123] *Ibidem*.
[124] *Ibidem*, p. 176.

Não temos ciência apenas de nossa própria existência. Essa não é a única coisa da qual podemos duvidar. Belloc, em uma passagem profunda, coloca isso da seguinte maneira:

> Pois há outra coisa da qual também estamos, realmente, tão certos quanto estamos de nossa própria existência - e isso é a existência das coisas fora de nós. Não há processo racional pelo qual a realidade do universo externo possa ser descoberta; tudo o que sabemos é que ela pode ser afirmada com segurança. Aristóteles pode ser chamado de a própria razão, Tomás de Aquino, cujo processo todo foi o de começar com uma dúvida e examinar tudo o que havia para ser dito sobre aquela dúvida antes da negação dela e a certeza correspondente pudessem ser alcançadas, ambos postulam essa segunda verdade. Não só eu sou eu, mas aquilo que não sou eu é tão real quanto eu sou real, e mais, pode ser e é apreendido por mim mesmo[125].

"Toda a corrente do ceticismo moderno" deriva de Descartes. Belloc, de modo perspicaz, observa que um dos problemas da filosofia europeia moderna ocorre quando a própria evidência científica começa a sugerir que a separação entre "matéria e espírito" não é tão absoluta quanto Descartes pensava ser.

VIII

Isso remete Belloc a Pascal. "Pascal começou como um homem movido, subitamente, por uma visão ou por um grande amor"[126]. Pascal construiu sua reputação ao brigar com os jesuítas da sua época, os quais "haviam tomado para si a tarefa de reconquistar a Europa para a Igreja". Há um individualismo presente no pensamento de Pascal, que traz consigo um elemento de verdade. "Em certo sentido, o indivíduo é tudo; é a alma individual que é condenada ou salva, e a Igreja só está ali para ajudar o homem a salvá-la". No entanto, ao dar ênfase a essa majestade, pode-se ser levado a minimizar a divindade.

---
[125] *Ibidem.*
[126] BELLOC, Hilarie. "Blaise Pascal", em: *Characters of the Reformation. Op. cit.*, p. 178.

Os jesuítas eram vistos por Pascal - e, mais tarde, por Friedrich Nietzsche (1844-1900) - como muito negligentes. A maioria das pessoas, acreditava Belloc, podia fazer as distinções apropriadas entre a lei e as exceções à lei - elas podiam ver a diferença entre assassinato e legítima defesa, por exemplo. Entretanto, ele viu que o emocionalismo de Pascal teve um futuro irônico.

> Vale a pena notar, aliás, que as pessoas mais sentimentais, que são as mais espalhafatosas quanto ao direito de empreender uma guerra justa, ou executar um criminoso, são exatamente as mesmas pessoas que, mais provavelmente, são a favor de "livrar os incuráveis de sua dor", o que de modo enfático nos é proibido pelo mandamento de não matar[127].

Belloc acreditava que a compreensão de Pascal da grandeza e miséria simultâneas do homem foi seu maior *insight*. No entanto, ele via no emocionalismo de Pascal as raízes de uma moralidade que acabou negando qualquer ordem objetiva.

> No emocionalismo, a ação da consciência não é um processo racional dedutivo, ou mesmo a de um experimento ou a de uma apreciação de um objeto externo. Trata-se de uma ordem imperativa interna, que não se baseia em um processo pensado ou em uma experiência deliberadamente buscada, mas no senso imediato; é uma emoção, e nada além de uma emoção, de certo e de errado[128].

Belloc comenta sobre a ironia de ambos os homens terem permanecido na fé, muito embora seus respectivos sistemas levassem tanto ao ceticismo quanto ao "desdém pela doutrina e a um tipo de nuvem encobrindo a mente na qual os homens perdem a fé"[129].

---

[127] *Ibidem*, p. 181.
[128] *Ibidem*, p. 182.
[129] *Ibidem*, p. 183.

IX

Certa vez, o barco de Belloc partiu do porto de Lynn, no rio Ouse, em Norfolk, para o estuário de Wash, no Mar do Norte. "Todos os homens que aportam em Lynn, sentem em si a antiguidade e o chamado da cidade", observou Belloc[130]. Uma vez em terra, Belloc foi assaltado pelas especificidades do lugar, sua resistência à centralização. Existe algo de muito inglês, ou, ao menos, do inglês antigo, em Belloc.

> Não se trata apenas de que as coisas independentes em tais cidades sejam prazerosas, nem de que uma pessoa se depare com elas de repente, mas também o fato de que essas coisas separadas sejam tantas. Elas têm personagens assim como têm homens. Não há nada da repetição que deve acompanhar o amor pela ordem e a presença de leis fortes[131].

O fato de haver tantas coisas particulares é, em si, um motivo de admiração.

Belloc estivera em Lynn nove anos antes da sua visita atual. Ele se perguntou se o vinho da Borgonha, na taberna Globe, era tão bom quanto ele se lembrava. Lynn já havia sido chamada de "Bishop's Lynn", mas, Henrique VIII (1491-1547) a renomeou para "King's Lynn"[132]. Belloc, contudo, ainda vê a presença gótica que remontava à época do bispo na vila.

> Há, em todo o lugar, um banquete para qualquer coisa a respeito da qual a mente tenha curiosidade, busque e reverencie, e, sobre a cidade, assim como sobre todos os portos decadentes da nossa costa leste assoreada, paira o ar de um grande passado, a influência do Báltico e das Terras Baixas.

Mesmo em cidades decadentes e assoreadas, podemos encontrar banquetes para os olhos se nossa mente estiver curiosa, procurando,

---

[130] BELLOC, Hilarie. "Lynn", em: *Hills and the Sea. Op. cit.*, p. 100.
[131] *Ibidem*, p. 100-101.
[132] "*Lynn*" é uma palavra galesa que significa "lago". (N. T.).

pois esses locais antigos não mudam, eles se permitem ficar separados e descansar e - pagando esse preço quase sozinho de todas as coisas na Inglaterra, eles preservam certa continuidade histórica e satisfazem as lembranças daqueles de seu sangue.

Há um romantismo em Belloc que lhe permite, onde quer que ele esteja, ser revigorado pelo ser daquilo que encontra. "Então, tendo voltado para Ouse novamente, e à beira dos pântanos em Lynn, eu parti, ao acaso, para onde me agradasse ir"[133]. Todas as coisas são criadas boas, e devemos nos esforçar para conhecê-las.

X

Deixem-me concluir este capítulo com uma série de aforismos e afirmações extraídas deste capítulo sobre a "metafísica do caminhar". Cumulativamente, creio, servirão para nos lembrar do que encontramos nessas reflexões.

1. "Pois eu sei que nós, os que rimos, temos um enorme parentesco com o Altíssimo."
2. "Não há, sobre a Terra, uma coisa tão boa quanto uma estalagem."
3. "Não sois capazes de determinar quanto de uma afeição é do homem e o quanto é de Deus."
4. "A História deve ser continuamente corrigida e moderada pela visão e pela maneira como se lida com as coisas."
5. "Filosofia significa a resolução de questões que a razão propõe para si mesma em relação aos assuntos mais importante com os quais a mente pode lidar."
6. "Eram todos, pois, homens pobres e pouco obtinham de sua ocupação além dos sonhos e da morte."
7. "A viagem que nasci para fazer é rumo a um lugar onde tudo o que conhecemos é esquecido, exceto aquelas coisas que, como as conhecemos, nos recordam de uma alegria original."

---

[133] BELLOC, Hilarie. "Lynn", em: *Hills and the Sea. Op. cit.*, p. 104.

A METAFÍSICA DO CAMINHAR

8. "Ah, meus companheiros! [...] aquela costa posterior era o lugar que procurávamos em cada cruzeiro e marcha, o local que cremos, finalmente, haveremos de ver."
9. "Se ao menos olhassem ao redor, caminhassem e vissem as coisas com os próprios olhos!"
10. "Não só eu sou eu, mas aquilo que não sou eu é tão real quanto eu sou."
11. "Parti, ao acaso, para onde me agradasse ir".

Ver, manusear, navegar, pensar, tocar, jantar, viajar e, sim, caminhar - eis os caminhos que nos levam à metafísica, àquilo que é e existe.

CAPÍTULO 8

CAPÍTULO 8

Além da Descrição: sobre "O Livro Mais Maravilhoso"

> Às sete da manhã, chegamos a Hannibal, Missouri, onde passei minha infância. Visitei-a rapidamente há quinze anos e, fiz outra visita seis anos antes, mas ambas foram tão breves que quase não contaram. A única noção da cidade que ficara na minha mente era a lembrança de como a conhecia quando a deixei pela primeira vez, vinte e nove anos atrás. A imagem ainda era clara e vívida para mim, como uma fotografia. Desembarquei (da barca rápida da St. Louis and St. Paul Packet Company) com o sentimento de quem retorna de uma geração há muito morta e enterrada. Vi as casas novas - vi-as muito bem - mas elas não afetaram a imagem antiga em minha mente, pois, através dos sólidos tijolos e do cimento, vi as casas desaparecidas, as quais antes estiveram lá, com perfeita distinção.
>
> SAMUEL L. CLEMENS, *LIFE ON THE MISSISSIPPI.*

I

Deixem-me retornar da caminhada para a leitura, para outro livro, embora o cenário das observações deste capítulo tenha relação com Napa, na Califórnia. A mulher de Belloc, Elodie Hogan (1868-1914) era, de fato, de Napa, e ele viajou duas vezes pelos Estados Unidos para cortejá-la. Napa é um lugar que raramente tive o prazer de visitar. Há uma pequena escola secundária lá, a Trinity School, onde, certa vez, pediram-me para fazer um discurso de início das aulas, uma ocasião que sempre chama nossa atenção para os filósofos em potencial, para a vida das mentes que apenas estão começando a tomar ciência daquilo que é para ser conhecido. O que dizer para jovens estudantes em uma localidade como Napa Valley? Eu acho que é a mesma coisa que venho dizendo ao longo destas páginas: existem coisas maravilhosas a serem lidas. A vida é, por certo, mais que leitura, mas ainda não é completa sem nosso ser estar pronto para perder-se em um livro que nos dá prazer.

Se alguém teve o privilégio de frequentar uma escola primária ou secundária em Napa Valley, é provável que saiba mais sobre uvas e vinho do que qualquer outra pessoa da própria idade, exceto, talvez, daqueles que vivem nas regiões de Bourdeaux ou Chianti. Yves Simon observou, em algum lugar, que é provável que o filho de um médico saiba mais sobre biologia ou anatomia do que o filho de um vendedor de Buick ou Toyota, ao passo que este, provavelmente, saberá mais sobre funcionamento de automóveis do que simplesmente girar a chave de ignição. Em outras palavras, é perfeitamente normal aprender coisas de nossa família e do local em que vivemos. Alguns filósofos perversos destruiriam a família por conta dessas vantagens naturais. Na verdade, muitas, se não a maioria das coisas que precisamos saber a respeito da vida podem ser encontradas dentro do próprio lar ou, ao menos, dentro dos limites da cidade.

Não devemos, então, ficar totalmente surpresos que alguém, até mesmo nossos pais, tenha aprendido alguma coisa antes de nós nascermos. Um dos fardos de ser jovem é que, normalmente, demora, como Platão calcula no livro VII de *A República*, até cerca de uns cinquenta anos de idade para se descobrir as coisas mais essenciais que precisamos saber. Não passa um dia em que não aprendamos alguma coisa que poderíamos ter aprendido. Não há nada de necessariamente trágico nisso, a menos que pensemos que somos deuses. Ainda assim, seríamos um pouco desumanos, não fosse desconcertante, perceber que poderíamos facilmente ter aprendido algo, mas não aproveitamos a oportunidade para fazê-lo.

Aristóteles tem algo ainda mais fundamental a dizer sobre a necessidade de uma criação apropriada. Precisamos ser educados em "bons hábitos se quisermos ser estudantes adequados sobre o que é nobre e justo, sobre temas de ciência política em geral [...]

> Porquanto o fato é o ponto de partida, e se for suficientemente claro para o ouvinte, não haverá necessidade de explicar por que é assim; e o homem que foi bem-educado já tem esses pontos de partida ou pode adquiri-los com facilidade. Quanto àquele que nem os tem, nem é capaz de adquiri-los, que ouça as palavras de Hesíodo: Ótimo é aquele que de si mesmo / conhece todas as coisas; / Bom, o que escuta os conselhos / dos homens judiciosos. / Mas o que por si não pensa, nem / acolhe a sabedoria alheia, / Esse é, em verdade, uma criatura inútil[134].

Não queremos ser homens inúteis. Não queremos estar entre aqueles que não compreenderam o simples fato de que "algo é verdadeiro", um fato que devemos aprender, primeiro, em casa. Alguém que não pode descobrir tal verdade ou aprendê-la de outra pessoa simplesmente não pode entender do que se trata a sua vida.

Aristóteles sugere que não precisamos saber tudo desde o início. No entanto, precisamos aceitar a premissa de que "algo é verdadeiro", afirmação da qual fluem todas as coisas válidas. Algo *é* verdade. Muito do pensamento moderno e muito da vida acadêmica moderna são construídos na negação dessa afirmação. Normalmente, dessa negação segue-se um esforço para abolir a própria ideia de verdade das mentes dos alunos que a aprenderam, como diz Aristóteles, nas suas criações.

Foi George Bernard Shaw (1856-1950), creio, que certa vez fez a observação sarcástica de que "a juventude é desperdiçada com os jovens". Entretanto, se não perdermos tempo em nossas vidas, em especial, quando somos jovens, provavelmente nunca fomos realmente jovens. *O Pequeno Príncipe*, em um livro que todos deveriam ler, afirma que somente o tempo que "perdemos" com nossos amigos importa. Conhecer-nos uns aos outros

---

[134] ARISTÓTELES. *Ética a Nicômaco*, Livro I, cap. 4 (1095b4-12), *op. cit.*

não é uma questão de ciência, tem muito a ver com apenas estar juntos sem nada "para fazer". Se estamos sempre atarefados, sempre nos preparando para alguma outra coisa, nunca seremos capazes de cuidar das coisas importantes - das quais alguém, além de Platão, deva nos dizer para prestar atenção. Pensando bem, talvez Platão baste para nos dizer essas coisas. Muito do que é chamado de educação é a compreensão de que Platão já nos disse a maioria das coisas que precisamos saber.

II

No dia 25 de outubro de 1944, J. R. R. Tolkien escreveu uma carta a seu filho Christopher. Nela, Tolkien citou uma carta que ele mesmo recebeu de um jovem chamado John Barrow, que, na época, tinha doze anos e frequentava a "Westtown School, em Westtown, na Pensilvânia". Tolkien, na ocasião, estava no processo de escrita de sua famosa trilogia *O Senhor dos Anéis*.

Eis a carta:

> Prezado sr. Tolkien,
> Acabei de terminar a leitura de seu livro, *O Hobbit*, pela décima primeira vez e gostaria de dizer-lhe o que penso a respeito. Creio que é o livro mais maravilhoso que já li. Está além de qualquer descrição. Puxa vida! Fico surpreso que não seja mais popular. Se o senhor escreveu quaisquer outros livros, poderia me enviar os nomes[135]?

Em uma nota de rodapé, Tolkien observa que ficou bastante surpreso ao saber que meninos americanos utilizavam a expressão "puxa vida!" (duvido que esteja em uso atualmente). Não precisamos acrescentar que, em retrospecto, o jovem sr. Barrow não precisava ter se preocupado com a popularidade de Tolkien, cujas histórias se tornaram os livros mais lidos no século XX e, provavelmente, ainda agora no século XXI.

Ao longo dos anos, tive alunos em minhas salas de aula em Georgetown que me contaram que liam toda a trilogia de Tolkien todos os anos, desde que tinham dez ou onze anos de idade. Concordariam com o jovem

---

[135] CARPENTER, H. (ed. *The Letters of J. R. R. Tolkien*. Boston: Houghton Mifflin, 1981, p. 98.

de Westtown, na Pensilvânia, que esse livro - se eu puder presumir que *O Hobbit* e a trilogia são, na verdade, um só livro - é "o livro mais maravilhoso" que existe. Não é um exagero afirmar, eu acho, que não é fácil encontrar um livro como esse quando se tem menos de doze anos, mesmo que não se compreenda totalmente do que se trata. O próprio encanto do livro é suficiente para nos alertar sobre seu significado fundamental. Não acho que tenha lido Tolkien até que tivesse uns sessenta anos. Eu até mesmo reli os livros em vez de ver as versões cinematográficas, que temo, de certo modo, iriam me privar dos textos reais.

Um dos meus antigos alunos advertiu-me a respeito dos filmes de *O Senhor dos Anéis*. Ele não acreditava que tivessem mantido o senso de alegria que permeia e fundamenta os livros. Suspeito que ele esteja certo. Algo poderoso aconteceu com o menino de Westtown porque ele leu o livro de Tolkien. "O que, exatamente, aconteceu com ele?", poderíamos perguntar. "Isso poderia acontecer conosco?" Como encontramos algo que está "além do que se pode descrever" e, ainda assim, tentar descrevê-lo? Pois é um dos temas permanentes neste livro que uma coisa não está completa até que seja compreendida e alguma tentativa seja feita para descrevê-la, por mais inadequada que seja.

Um dos livros mais famosos da antiguidade é o *Vidas Paralelas dos Nobres Gregos e Romanos*, de Plutarco (46-120). Esse livro é a fonte de várias peças de Shakespeare e, de fato, tem sido estimado por todas as gerações desde que foi escrito no início do século II d.C. Provavelmente, nenhum livro nos oferece exemplos mais vívidos do que o de Plutarco. Na vida de Catão de Útica (95-45 a.C.), por exemplo, lemos que:

> Parece também que a desconfiança de Catão tornava a instrução mais trabalhosa e difícil, porque o aprender traz certo sofrimento, e deixar-se persuadir logo é, normalmente, para os que não se sentem com forças para contradizer; por isso é mais fácil para os moços acreditarem que os velhos, e os doentes que os saudáveis, e, em geral, os que duvidam pouco são rápidos e fáceis em concordar. Dizem, contudo, que Catão se permitiu ser persuadido pelo tutor e fazia tudo o que ele ordenava; mas exigia o motivo de tudo, e perguntava a razão de cada coisa, já que o tutor era benigno e afável, preferindo a razão à punição. Seu nome era Sarpedão[136].

---

[136] PLUTARCO. *Vidas Paralelas*, Tomo VI.

Embora poucos, provavelmente, tenham o nome de "Sarpedão", por certo supomos e esperamos que nossos instrutores sejam "bem-educados" e prefiram "a razão à punição" dos jovens alunos! E nós mesmos, como acadêmicos, devemos estar prontos "para inquirir a causa de tudo". Em breve, veremos que o jovem Sócrates manifestou essa mesma natureza.

III

Linus e uma menininha muito bonita chamada Lídia são vistos voltando de uma sorveteria. Lídia está em frente de Linus e, por cima do ombro, diz-lhe educadamente, "Obrigada pelo *sundae* de chocolate, Linus". Essa resposta intrigante, naturalmente, encoraja o enamorado Linus, que responde alegremente, "De nada. Talvez possamos fazer isso de novo algum outro dia". No entanto, Lídia volta-se, de repente, para o pobre Linus, agora totalmente diminuído, para dizer-lhe, "Acho que não, não acho você tão interessante".

Na cena seguinte, vemos um Linus sem esperanças, sentado no jardim, encostado em uma árvore, compreensivelmente deprimido, visto que a encantadora Lídia o acha sem graça. Entretanto, ele logo vê Lídia sentada, confortável, em um sofá grande, em casa. Ela está ao telefone. Ouvimo-la dizer: "Oi, Linus, aqui é Lídia". Linus, ainda arrasado, responde: "Se você não me acha muito interessante, por que me ligou?". Lídia explica: "Não há nada na TV". Dada a escolha entre nada e Linus, até mesmo Lídia escolhe Linus. Isso é o que chamarei de "princípio acadêmico de Lídia". Quando isso disser respeito às coisas que realmente importam, não há nada na TV. Quase tudo, até mesmo o pobre Linus, é melhor do que nada na TV. Assim, meu conselho é sempre primeiro ir para um daqueles livros maravilhosos que tantas vezes estão além de qualquer descrição, não importando o quanto possamos, ocasionalmente, aprender ou desaprender com a televisão. Procure sempre encontrar "a causa de todas as coisas" antes de descobrir que não há nada na TV. Nada, estritamente falando, ensinará exatamente nada.

IV

No Salmo 118, 13, lemos: "Odeio os homens hipócritas, mas amo a vossa lei". Há muito fui golpeado pela expressão "hipócritas". Allan Bloom (1930-1992), em seu livro *The Closing of American Mind* [*O Fechamento da Mentalidade Americana*], falou dos estudantes universitários com "almas rasas". Essa é uma expressão igualmente devastadora. Homens hipócritas com almas rasas - o que poderia ser pior? Seria pior acreditar que o falso é verdadeiro? Platão disse que a verdade é saber "*aquilo que é*" que [essa coisa] é, e aquilo que não é, que [essa coisa] não é". Erro é afirmar que o *que é*, não é. Assim, à primeira vista, parecemos estar piores se estivermos com a mente cheia de erros do que se formos hipócritas ou tivermos as almas rasas.

Entretanto, parece, paradoxalmente, que pode muito bem ser pior não se preocupar em saber algo importante do que ter uma mente cheia de erros vívidos que cremos ser verdadeiros. Um dos sete pecados capitais é a indolência, que não é o mesmo que preguiça. Em vez disso, os indolentes nunca tentam entender quem são, nunca se perguntam objetivamente sobre seu propósito na vida real. Ser indolente é sistematicamente evitar alguma vez ter que viver segundo o que devemos ser, baseado em quem e no que somos e em nosso propósito intrínseco. Nesse sentido, é bem possível ficar entusiasmado com muitas coisas e ainda ser um homem hipócrita quando se trata das coisas mais sublimes. De fato, o prazer e os negócios, até mesmo a educação, há muito servem como uma espécie de escapismo, uma estratégia que comprovadamente nos ajuda a evitar refletirmos sobre nossas vidas.

No seu último dia de prisão, Sócrates passa seu tempo discutindo com os que o rodeavam sobre os motivos pelos quais ele não fugia ou demonstrava sinais de inquietação acerca de sua terrível condição. A certa altura, ele conversa com Cebes a respeito de sua própria juventude:

> Quando jovem", diz a Cebes, "tive uma paixão extrema por aquele ramo do conhecimento chamado de ciência natural; cria que seria maravilhoso conhecer as causas pelas quais cada coisa vinha, deixava e continuava a ser[137].

---

[137] Platão, Fédon. 97a

Entretanto, Sócrates admite que nunca conseguiu realmente solucionar esse tipo de questão. As respostas comuns dadas a elas, referindo-se à terra, ar, fogo e água, não o satisfizeram. Por fim, contudo, em meio à sua perplexidade, ele "certa vez ouviu de alguém lendo um livro (como ele disse) de Anaxágoras, e asseverando que é a Mente que produz a ordem e é a causa de tudo"[138]. Essa explicação, diz Sócrates "agradou-me". Não temos aqui almas rasas, não somos homens hipócritas, mas pessoas apaixonadamente interessadas em descobrir a verdade das coisas que não conseguimos entender.

V

Henry Adams (1838-1918) ingressou no Harvard College em 1854. Ele era neto de John Quincy Adams (1767-1848), o sexto presidente dos Estados Unidos, e bisneto de John Adams (1735-1826), o segundo presidente dos Estados Unidos. A família, de ambos os lados, havia frequentado Harvard antes dele. Entre mais ou menos uma centena de alunos da classe de Adams, estava o filho de um coronel do segundo pelotão de cavalaria dos Estados Unidos chamado Robert E. Lee (1807-1870). O apelido do filho de Lee era "Roony". Embora, à primeira vista, Adams tenha pensado que o belo jovem era um líder, ao fim dos seus quatro anos em Harvard, ele mudou de opinião.

> Era simplório, escapava-lhe a análise; tão simples que até o aluno mais elementar da Nova Inglaterra não o compreendia. Ninguém conhecia o bastante para saber o quão ignorante ele era, quão infantil, quão perdido diante da complexidade relativa da escola[139].

No entanto, Adams foi ainda mais duro com Harvard. "Quatro anos de Harvard College, se bem-sucedidos, resultaram em um vazio autobiográfico", observou, "uma mente na qual somente uma marca d'água havia sido estampada. O carimbo [...] era bom. A principal maravilha da educação é que ela não arruína todos os envolvidos nela, os professores e os

---

[138] *Op. cit*, 96c
[139] ADAMS, Henry. *The Education of Henry Adams: An Autobiography*. Nova York: Time, 1964, p. 62

ensinados". Após deixar Harvard, Adams, às vezes, questionava se, de fato, isso não o tinha arruinado e à maioria de seus companheiros. Ainda assim,

> o Harvard College era, provavelmente, menos prejudicial do que qualquer outra universidade então existente. Ensinava pouco, e esse pouco ensinava mal, mas deixou a mente aberta, livre de preconceitos, ignorante dos fatos, mas dócil[140].

Certamente, não queremos que nossa educação nos arruíne. Preferimos ser ensinados "pouco" a aprender falsidades, que é o que Phyllis McGinley quis dizer com "consolações da falta de instrução". Não que nossas mentes não devam ser tão abertas ou livres de preconceito que nada defendamos e não reconheçamos distinção nas coisas. Queremos ser "dóceis".

Em latim, a forma nominativa do adjetivo "dócil" é *docilitas*. Significa a virtude de ser capaz de ser ensinado. O próprio nome dessa virtude admirável sugere que devemos, em algum ponto, escolher ser ensinados. Somente os orgulhosos não podem e não serão ensinados. Orgulho significa, literalmente, que estamos fechados para tudo, exceto para nós mesmos. Se somos orgulhosos, não permitindo-nos nada aprender, porque pensamos que já sabemos tudo ou, talvez, que somente o que conhecemos vale a pena ser conhecido. Essa é a pior das condições humanas. Se a indolência é o pecado capital que se recusa a examinar nosso propósito neste mundo, o orgulho é o pecado capital no âmago de todos os outros pecados e a desordem da alma. Não quer descobrir o que vale a pena saber, mas quer decidir categoricamente se alguma coisa vale a pena ser conhecida.

Samuel L. Clemens nos relata a chegada à sua cidade natal de Hannibal, no Missouri, no barco de cargas das linhas St. Louis e St. Paul, às sete da manhã. Era um domingo. Ele caminhou pela cidade, sentindo-se como "um menino de novo". Em sua lembrança, todas as coisas estavam novamente frescas. Clemens encontrou um velho cavalheiro que estava em Hannibal há vinte e oito anos, tendo chegado um ano após a partida de Clemens. Clemens disse ao velho que seu nome era Smith e perguntou-lhe sobre seus antigos companheiros de escola. Sobre o primeiro, o senhor respondeu:

---

[140] *Ibidem*, p. 59.

Ele se formou com louvor em uma faculdade do Leste, perambulou pelo mundo, em nada foi bem-sucedido, saiu das lembranças e o conhecimento anos atrás e, supostamente, deu com os burros n'água.

Sobre o rapaz mais brilhante do vilarejo, o homem recordou: "Ele, também, se formou com honras em uma faculdade do Leste, mas a vida o açoitou em todas as batalhas seguidamente, e ele morreu em um dos territórios, anos atrás, um homem derrotado". Com cautela, Clemens perguntou sobre as moças, em especial, sobre sua primeira namoradinha. "Ela está bem", refletiu o homem,

> casou-se três vezes, enterrou dois maridos, divorciou-se do terceiro, e ouvi dizer que ela está se preparando para se casar com um velho em algum lugar do Colorado. Ela tem filhos espalhados por cá e por lá, em todos os cantos.

Esse não foi um início muito promissor. Outro amigo havia sido morto na Guerra Civil. Por fim, Clemens mencionou outro menino, cujo destino, ao que parece, veio a refletir um dos enigmas mais curiosos de nossa natureza.

> Não há um ser humano nesta cidade que não soubesse que esse menino era um perfeito estúpido, um perfeito imbecil; apenas uma besta estúpida, como dizem. Todos sabiam disso e todos diziam isso. Bem, se esse mesmo menino não é o primeiro advogado do estado do Missouri hoje, eu sou um democrata.

Essa informação assustou Clemens, e quis saber como o velho explicava isso.

> Explicar? Não há nenhuma explicação para isso, exceto que se você enviar um maldito idiota para St. Louis, e não disser para eles que ele é um maldito idiota, *eles* nunca descobririam. Uma coisa é certa - se eu tivesse um maldito idiota, eu saberia o que fazer com ele: eu o enviaria para St. Louis - é o mercado mais nobre do mundo para esse tipo de propriedade.

ALÉM DA DESCRIÇÃO: SOBRE "O LIVRO MAIS MARAVILHOSO"

Por fim, Clemens, sorrateiramente, fez um rodeio para perguntar ao velho sobre si mesmo, se ele sabia o que acontecera a um tal Samuel Clemens. "Ah, ele se deu muito bem", disse-lhe o homem, "outro caso de um grande idiota. Se eles o tivessem mandado para St. Louis, ele teria se dado bem muito mais cedo". A essa observação divertida, Clemens conclui, "foi com muita satisfação que reconheci a sabedoria de ter dito a esse sincero cavalheiro, no início, que meu nome era Smith"[141].

Poderíamos nos sentir pressionados a enumerar as muitas lições valiosas a respeito da vida, da docilidade, da humildade e do humor encontrados nessa breve passagem de *A Vida no Mississippi*. Sem dúvida, os cidadãos de St. Louis, nesse ínterim, vieram a descobrir que o maior recurso natural que tinham fora explicada a Samuel L. Clemens, vulgo Smith, por um velho cavalheiro em um domingo pela manhã em Hannibal, no Missouri. Se você envia um rapaz inteligente para uma faculdade do Leste, três coisas podem acontecer a ele: ou dará com os burros n'água para morrer desconhecido em um dos territórios, ou será eleito para o legislativo estadual, mas continuará sendo um "maldito idiota", ou voltará para casa como Mark Twain, vulgo Smith, desfrutando de certa sabedoria ao ouvir um cavalheiro sincero contar-lhe que também deveria ter sido mandado para St. Louis.

Uma última história sobre a vida da mente que vale a pena ser contada neste capítulo. Com frequência recomendo aos alunos que assombrem lojas de livros usados. Um aluno que tive em aula alguns anos atrás estudou direito, eu acho, em San Diego. Escreveu que aconteceu de estar em um dessas livrarias, onde comprou oito livros, dentre eles, um volume da *História da Inglaterra*, de Winston Churchill (1874-1965), um livro sobre os godos, uma biografia do dr. Johnson, e um livro chamado *Mont San-Michel and Chartres [O Monte Saint-Michel e Chartres]*, de autoria de ninguém menos que Henry Adams.

Meu jovem amigo estava encantado com o livro de Adams. Ficou especialmente surpreso ao descobrir o que Adams tinha a dizer a respeito de Santo Tomás de Aquino. É com essa reflexão sobre Tomás de Aquino que concluirei o capítulo:

---

[141] CLEMENS, Samuel L. *Life in the Mississippi*. Nova York: Lancer, 1968, p. 459-462.

Fui particularmente arrebatado pela comparação [de Adams] do Aquinate a um normando como Abelardo (1079-1142) e a um bretão como São Boaventura (1221-1274)[142]. O primeiro sempre faz menos do que pode fazer, mas o último deseja que tivesse feito mais, ao passo que o último aceita mais do que pode fazer, e depois se arrepende. É difícil olhar para a *Suma* de Santo Tomás e dizer "Esse homem ocupou-se de muito pouco - realmente deveria ter sido mais completo". Não obstante, o próprio Tomás reconheceu a insuficiência da própria obra em comparação com a Perfeição Divina. Isso não me desencoraja: acho bem reconfortante que a Perfeição Divina seja inexaurível para uma pessoa humana finita. O tédio é infernal.

Joseph Pieper, no livro sobre Santo Tomás de Aquino, *A Guide to Summa* [*Um Guia para a Suma*], diz a mesma coisa, que a *Suma* é um livro inacabado. Ao fim da vida, Santo Tomás teve uma visão que o fez perceber que, em comparação a Deus, tudo o que tinha escrito era nada senão palha.

Terminemos este capítulo sobre a vida da mente, então, com as seguintes proposições:

1. que o tédio é realmente infernal;
2. que se pode ir a excelentes faculdades do Leste e ainda voltar para casa como um maldito idiota;
3. que não há nada na TV;
4. que a principal maravilha da educação é que ela não arruína a todos, professores e ensinados;
5. que realmente queremos conhecer a causa das coisas;
6. que alguma coisa, ao menos, é verdade;
7. que alguém pode ter a sorte de ter um tutor chamado Sarpedão, que está mais pronto a ensinar que a castigar os educandos;
8. que uma pessoa deve aprender a perder tempo com seus amigos;
9. que alguma Lídia encantadora ou um belo Linus pode achar alguém "interessante";
10. que a alma não deve ser "rasa" ou o espírito "hipócrita";

---

[142] Na verdade, São Boaventura nasceu em Bagnoregio, no Lazio, na região da Itália. (N. E.)

11. que ninguém deve ser um "perfeito estúpido", nem em Hannibal nem em St. Louis;

12. que se deve lutar, de início, para evitar os pecados cardeais do orgulho e da indolência;

13. e, por fim, somos abençoados se, ao menos uma vez em nossas vidas, descobrirmos o "livro mais maravilhoso", "além de qualquer descrição" e, por isso, sermos incitados a escrever ao autor para ver se ele escreveu algo mais.

CAPÍTULO 9

CAPÍTULO 9

O Risco Total para o Ser Humano: sobre a insuficiência de apolo

parece que é aqui, Glauco, que reside para o homem o maior perigo. Aqui está a razão por que cada um de nós, pondo de lado qualquer outro estudo, deve, sobretudo, preocupar-se em procurar e cultivar este, ver se está em condições de conhecer e descobrir o homem que lhe dará a capacidade e a ciência de distinguir as boas e as más condições e, na medida do possível, escolher sempre as melhores.

PLATÃO, *A REPÚBLICA*.

As pessoas se perguntam: onde estava Deus quando as câmaras de gás estavam em operação? Essa objeção, que parece bem razoável diante de Auschwitz, quando reconhecemos todas as atrocidades da história, demonstram que, em qualquer caso, um conceito simplesmente harmonioso de beleza não basta. Não pode suportar o confronto com a gravidade do questionamento acerca de Deus, da verdade e da beleza. Apolo, que para o Sócrates de Platão, era o "Deus" e o guardião da beleza imperturbável como "verdadeiramente divina", absolutamente, já não nos basta.

JOSEF RATZINGER, "A BELEZA E A VERDADE DE CRISTO".

O que é isso, credes, que causa o retorno [à fé]? Creio que é o problema da vida, pois todo dia, cada experiência do mal, requer uma solução. A solução é oferecida pela memória de um grande projeto que, por fim, recordamos.

HILARIE BELLOC, *O CAMINHO PARA ROMA*.

I

Em todos esses capítulos - sobre caminhar, ler, pensar e deleitar-se - tentei voltar ao tema de que há coisas a não serem perdidas. A mente tem uma vida que é planejada para ser a nossa vida. De fato, existem prazeres que devemos ter, livros que devemos ler, caminhos que devemos percorrer e amigos que devemos fazer. É, contudo, bem possível que, ao vivermos nossas vidas, percamos, ou até mesmo escolhamos perder, aquilo que ninguém realmente quer perder se realmente está aberto àquilo que é e existe. No final das contas, a palavra que permeia nossa vida, tanto a moral quanto a intelectual, é *risco*. É possível perder aquilo para o qual existimos - existência. E, mesmo que alcancemos uma vida mental adequada ao propósito último de nosso ser, não seria significativo se pudéssemos tê-la sem nossa escolha. O valor de nossa existência inclui seu caráter arriscado - seu poder-não-ter-sido.

Certo dia, um aluno abordou-me ao fim da aula. Ele pediu desculpas por fazer uma pergunta "impertinente". Perguntei sobre a natureza da dita impertinência. Afinal, sou um tomista: "pergunta e receberás, ao menos, uma opinião, visto que sabes a diferença técnica entre opinião e verdade!" O jovem, de fato, queria saber se eu "pensava se *havia* algo como a verdade" (note, ele não me perguntou se *havia* a verdade, mas se eu *pensava* que havia). Embora eu ache que um problema como a existência da verdade possa, no fundo, perturbar muitos de nossa espécie, ainda assim, não é uma pergunta que se faz todos os dias. Minha "opinião" é que existe algo como a verdade, o que, tecnicamente, significa que o que tenho não é apenas uma opinião.

Até onde sei, nunca dei indicação alguma, ao escrever ou falar, de que não tinha a verdade como uma possibilidade inegável, ou mesmo de ser um fato, algo que espero que ainda possamos afirmar hoje sem parecermos "arrogantes". Assim, estava intrigado. "Por que essa pergunta é dirigida a alguém que, obviamente, defende a possibilidade da verdade?" Afinal, tenho refletido, com prazer, sobre a famosa expressão de Santo Tomás de Aquino, *omne ens est verum*, "todo ser é verdadeiro". Considero o *The Truth of All Things* [*A Verdade de Todas as Coisas*], de Josef Pieper, uma verdadeira joia da inteligência[143]. Com alguma confidencialidade, entretanto, como se ele estivesse me contando um grande segredo do qual não eu tivesse a menor ideia, o aluno explicou que "por aqui e na nossa faixa etária, poucas pessoas [e ele poderia ter dito 'ninguém'] acham que a verdade existe". Diante dessa informação presumivelmente surpreendente, se não chocante, nem pisquei. Sou um homem do mundo.

Por certo, pensei comigo mesmo, esse jovem não se esqueceu de que eu havia lido em sala de aula as primeiras linhas de *The Closing of American Mind*, em que Bloom afirma sem rodeios que a única coisa da qual qualquer professor pode estar certo ao entrar pela primeira vez em uma sala de aula é que cada aluno ali pensa, ou acha que pensa, que a "verdade é relativa". Não discorrerei aqui sobre a ironia autocontraditória da "verdade" da proposição de que toda "verdade é relativa"[144]. Os verdadeiros iconoclastas de hoje, jovens ou velhos, não são os que não creem na existência da verda-

---

[143] PIEPER, Josef. "The Truth of All Things", em: *Living the Truth*. São Francisco, Ignatius Press, 1989.
[144] BLOOM, Allan. *The Closing of American Mind*. Nova York: Simon & Schuster, 1986, p. 25.

de, o que é comum, como dizem, mas os especialistas que a afirmam. De fato, fico mais surpreso com os alunos que não pensam que a verdade ou a cultura é simplesmente relativa do que com aqueles que pensam que é.

A maioria dos alunos, hoje, é criada em uma dieta constante de uma "teoria da tolerância" - nada mais que isso - como princípio ativo em todos os seus procedimentos. Ninguém quer "julgar" coisa alguma ou quem quer que seja, ainda assim, na maioria das circunstâncias, essa é a única atividade intelectual que vale a pena executar. Tal tolerância, por sua vez, não é um mero acordo pragmático com o qual devamos lidar mesmo quando não há harmonia intelectual, algo que pode ser defendido em bases razoáveis. Em vez disso, baseia-se na ideia de que o único meio "legítimo" de fazer o que quer que queiramos é afirmar isso, como proposição geral e teórica, de que nada, em princípio, é ou pode ser certo ou verdadeiro. Tal posicionamento nos liberta de todo contato com a realidade ou de ter de afirmar alguma coisa sobre *aquilo que é e existe*.

Essa posição esteve, originalmente, no pensamento ocidental, como uma tese epistemológica a respeito da adequação de nossos sentidos para relatar a realidade exterior, ao passo que, hoje, é tida como uma tese majoritariamente política ou moral. Qualquer afirmação de uma verdade é, portanto, considerada "discriminatória", tendendo ao "fanatismo", a mais terrível aberração moderna de todas. "Fanatismo", para ser justo, no entanto, no fundo, significa que existem verdades que valem a pena ser afirmadas ou buscadas, embora não necessariamente de qualquer maneira. A "lei" de nossa ação ou de nossa política sob um regime de tolerância especulativa ou dogmática, contudo, torna-se simplesmente aquilo que é imposto ou aceito, sem nenhuma outra justificativa teórica sobre a verdade do que é afirmado. Esse é o pano de fundo teórico para o qual João Paulo II chamou atenção para a possibilidade de uma verdadeira "tirania democrática"[145].

Percebemos, no entanto, que precisamos de razões especulativas para explicar ou justificar nossas decisões e ações práticas, em especial, se suspeitamos que aquilo que fazemos é errado por algum padrão transcendente - ou seja, se pressupusermos ter algo como uma consciência. Nesse sentido, permanecemos seres racionais mesmo ao rejeitarmos implicitamente a razão para justificar o que queremos e escolhemos fazer. Em suma,

---
[145] *Centesimus Annus*, n. 46

toda desordem da alma busca defender-se ou justificar-se em termos de algum princípio ou argumento inteligível aparentemente plausível. A diferença entre ser bom ou mau não é uma diferença entre ter uma explicação ou não ter uma explicação para aquilo que fazemos. Em vez disso, é entre ter uma explicação lógica e verdadeira e ter uma que não o seja, em que a que não é verdadeira tem validade suficiente para nos permitir escolhê-la para nossos propósitos de viver como desejarmos. Todo erro, em outras palavras, como Tomas de Aquino insinuou, contém alguma verdade. O lugar último do mal, por consequência, não está em nossa inteligência, mas em nossa vontade, em que escolhemos nos guiar por aquilo que sabemos ser a verdade ou para a nossa própria versão escolhida da verdade, como base de nossas ações neste mundo.

Em retrospecto, não estou certo se o jovem chegou à conclusão de que Schall era o anacronismo incorrigível que todos pensavam ser, ou se o jovem sentiu-se aliviado pois, ao menos, alguém de sua raça afirmaria abertamente, em confronto, a posição da minoria de que a verdade, de fato, era possível e não apenas "relativa". Quanto à questão em si, à pergunta "o que é a verdade?" - a pergunta que Pilatos fez a Cristo, ironicamente, no Seu julgamento - a resposta de Platão continua a ser a melhor: dizer a verdade é saber aquilo que é que é; e aquilo que não é, que não é. A fórmula de Santo Tomás de Aquino é substancialmente a mesma e igualmente perspicaz: a verdade é *adaequatio mentis et rei*, conformidade da mente com a realidade. Não é apenas que haja essa "conformidade" (*adaequatio*), mas que conheçamos e afirmemos que existe uma identidade entre mente e realidade.

Sabemos que, no conhecimento, podemos *ser* o que não somos, ao passo que permanecemos o que somos em natureza. O fato é que aquilo que não somos nós mesmos - ou seja, o complexo total de outros seres - pode vir a existir intencionalmente em nossas mentes. Essa existência intencional é o que o corrige, o que o torna aprazível, que sejamos o tipo de seres finitos que somos, seres para os quais, de fato, tudo é dado, incluindo, na verdade, de nossos próprios seres com a nossa misteriosa capacidade de conhecer. A doutrina da Visão Beatífica ainda sugere que, por fim, conheceremos Deus dessa maneira - face a face.

II

Tendo a conceber os rapazes e as moças que encontro seguindo o modelo dos dois jovens filósofos em potencial do segundo livro de *A República* de Platão, Adimanto e Glauco, embora admita que nem todos têm o mesmo zelo pela verdade que esses dois jovens demonstraram antes de Sócrates. Esses jovens gregos queriam ouvir a verdade das coisas apresentadas para o seu entendimento - nesse caso, a verdade da justiça - mesmo quando podiam, de modo brilhante e eloquente, articular argumentos contrários a ela. Ainda assim, permaneciam perturbados e inquietos. Que sejamos poupados dos rapazes e das moças, ou mesmo dos mais velhos, que nunca estão inquietos em suas almas sobre aquilo que é e existe, sobre o significado da realidade. Adimanto e Glauco não podiam entrever muito bem por que seus argumentos contra a verdade ou a justiça estavam errados, mesmo que suspeitassem que estavam. Eles estavam perturbados no próprio ser por não conhecerem a verdade.

Deus queira que todos nós nos encontremos na situação daqueles que sabem que não sabem. Amo esses alunos, filósofos em potencial, como os chamo. Eles fazem do ensino não só uma profissão ou um dever, mas uma aventura. O próprio Platão lhes diz, no livro VII de *A República*, que precisarão de tempo e experiência consideráveis, muito mais do que poderiam prever, antes de compreenderem essas coisas. Aristóteles lhes diz que precisarão de virtude e disciplina, ao passo que Santo Tomás de Aquino lhes diz que necessitarão da graça - o dom supremo que contraria a natureza do homem autônomo, insatisfeito com tudo que ele mesmo não cria. Platão, por sua vez, chega, até mesmo, a se preocupar com o fato de que a apresentação das coisas mais excelsas aos alunos, aos filósofos em potencial, em uma idade muito tenra, irá torná-los céticos, pois eles ainda não têm plena capacidade e experiência para conhecer a verdade. Isso é certo, mas estar completamente fechado a tais atrativos, a esse maravilhamento com a verdade das coisas, a tal busca é, simplesmente, deixar escapar o que é ser humano, em especial, um ser humano jovem.

Meu argumento inicial é, em primeiro lugar, que a verdade existe mesmo quando não podemos formulá-la; e, em segundo lugar, com base nisso, queremos saber o que é essa verdade. *Quid sit veritas?*[146]. Essa relação

---
[146] "O que é a verdade?". (N. E.)

com a verdade que está no âmago de nosso ser é a verdadeira origem dessa "inquietação" a respeito da realidade e que constitui o dinamismo radical do que é ser um ser humano. Isso é o que Santo Agostinho em *Confissões* chamou - com tons de Platão e das Escrituras - de "nossos corações inquietos". De modo incansável, buscamos conhecer a verdade, mesmo quando pensamos que ela não existe, ou que não pode, em princípio, ser conhecida. Queremos conhecer, como menciona Eric Voegelin, o próprio "fundamento" de nosso ser finito, já que não podemos deixar de saber que não causamos a nós mesmos ser ou não ser o que somos[147].

Somos os seres "racionais", como nos chamou Aristóteles. Ademais, não queremos conhecer essa verdade a respeito de nós mesmos para quaisquer propósitos particularmente utilitários, por aquilo que devemos "fazer" com isso, embora não exista nada de errado em saber como as coisas funcionam, em "fazer" coisas. No ensaio "The Sacred and 'Desacralization'" ["O Sagrado e a 'Dessacralização'"], Josef Pieper fez a seguinte observação sobre a pobreza ou a carência intelectual, uma percepção a respeito do propósito não pragmático último da verdade:

> Ao mesmo tempo em que contemplamos essa imagem de abundância, devemos confrontar a imagem da pobreza humana mais radical, não de uma carência material, mas existencial. Estaríamos desolados se vivêssemos em um mundo que só tivesse coisas que pudéssemos dispor e usar, mas nada que pudéssemos apenas desfrutar, sem pensar em qualquer finalidade utilitária; um mundo que tivesse um conhecimento especializado, mas nenhuma reflexão filosófica sobre a vida como um todo[148].

O mundo contém coisas para simplesmente serem conhecidas e apreciadas, algo que pode acontecer com as coisas que precisamos e usamos em nossos propósitos diários. Não é acidental que os artesãos não apenas façam ferramentas, mas ferramentas belas. Entretanto, a beleza não acrescenta nada à utilidade da ferramenta.

---

[147] O'CONNOR, Eric (ed.), *Conversations with Eric Voegelin*. Montreal: Thomas More Papers 176, p. 180.
[148] PIEPER, Josef. "The Sacred and 'Desacralization'", em: *Problems of Modern Faith*. Chicago: Franciscan Herald Press, 1974, p. 39.

Assim, queremos apenas conhecer a verdade. Somos o tipo de ser que, mesmo em condições de perfeita abundância, como no Jardim do Éden (a "imagem de abundância" original), permanecemos insatisfeitos. Estamos inquietos, simplesmente porque não conhecemos e sabemos que não conhecemos. A famosa tentação de "ser como deuses" vem com nossa própria existência, não no meio da carência, mas da abundância. A maioria dos céticos do mundo vive em sociedades de abundância e em instituições com grandes bibliotecas.

Adão e Eva, podemos dizer, experimentaram, para empregar o termo de Pieper, uma "carência existencial". Ou, talvez, deva dizer, no âmago de nosso ser sempre chegamos a um ponto em que temos de decidir se a verdade do que buscamos existe *naquilo que é* ou se fazemos nós mesmos a verdade em conformidade, não com o que é e existe, mas com o que gostaríamos que fosse e existisse, como se coubesse a nós criar-nos do nada. A verdadeira divisão da humanidade, e provavelmente do universo, passa por essa questão de se *o que é e existe* é algo feito por nós ou se é algo que já recebemos feito para ser *o que é* - e, de fato, em ser o que é, também é o melhor para nós.

A pior vida que podemos imaginar, em um sentido, tomando novamente de empréstimo a expressão incisiva de Pieper, é não ter "nenhuma reflexão filosófica sobre a vida como um todo". Ingressar na filosofia, observou Leo Strauss, é buscar o conhecimento do todo, como se, de algum modo, fosse nosso para ser conhecido. A interpretação cristã sobre essa definição de filosofia é aceitar toda a ajuda que possamos obter desse "conhecimento do todo", mesmo que nos seja dada por revelação. Por fim, temos de nos perguntar se queremos conhecer somente o que está em nossa capacidade de conhecimento ou se também podemos aceitar o dom do conhecimento que nos leva ao todo que não é obra nossa.

III

Anos atrás, quando eu ainda era relativamente jovem - um período que meus alunos, hoje, se referem como "história antiga" - li uma passagem no maravilhoso livro de Hilaire Belloc, chamado *The Path to Rome* [*O caminho para Roma*], um trecho que, de alguma maneira, sempre me perseguiu. A passagem vem logo após a observação introdutória de Belloc que citei acima, na qual ele reflete sobre o que é nosso encontro comum com a vida, com o próprio mal que, ao fim, nos recorda de um esquema de coisas que outrora conhecemos. Esse esquema, a própria estrutura de nossa fé, descreve como as coisas se combinam, o bem contra o mal - como as coisas que surgem do nada simplesmente *são*.

A passagem que lembrei é de uma pertinência incrível, creio, em especial na condição do catolicismo de nosso tempo e lugar: aqueles que se afastaram da fé e retornam, refletiu com justeza Belloc, obviamente recordando as próprias lembranças, "passam por coisas difíceis". Ele encontra um "abismo" entre si mesmo, como um dos que, certa vez, desviaram-se, e seus "muitos companheiros". Segue a explicar o que quer dizer:

> Somos perpetuamente impulsionados para as minorias, e o mundo quase começa a falar uma língua estranha; somos incomodados pelo mecanismo humano de uma revelação perfeita e sobrenatural; ficamos super ansiosos por segurança, alarmados e no risco de decisões violentas[149].

"Decisões violentas" parecem estar à disposição e, de fato, falamos uma língua estranha. Li, durante o Natal, o relato de um distrito escolar que não permite nem mesmo que a palavra "Natal" seja pronunciada em sala de aula alguma. O juiz Holmes (1841-1935), em uma decisão famosa, certa vez disse que não nos é permitido gritar "fogo" em um teatro lotado. Evidentemente, hoje a palavra "Natal" substitui a palavra "fogo" entre as palavras que não podemos proferir, assim como a palavra "pecado". O cristianismo às vezes é, de fato, retratado como "um fogo sobre a terra". Em nome da teoria da tolerância, supostamente, não faz diferença o que forma nossas almas. Ainda assim, buscamos retirar de nossas almas as tradições que chamam atenção para o fato de que, antes de mais nada, temos almas. A tolerância não tolera a verdade, embora, algum dia, tenha sido seu propósito encontrar a verdade.

Somos, na verdade, "perturbados", para expor de maneira gentil, pelo "mecanismo humano de uma revelação perfeita e sobrenatural". Pensemos nas dioceses falidas. Um primo meu, no Colorado, contou-me que dois vizinhos do outro lado da rua lhe disseram que pararam de frequentar a igreja por conta dos escândalos eclesiásticos. Meu cunhado me falou de

---
[149] BELLOC, Hilaire. *The Path to Rome*, p. 102.

uma senhora presbiteriana que supôs que os escândalos tinham "refutado" a Igreja Católica, e começou a convidá-lo para ingressar em uma igreja local que tinha dez ministros - oito dos quais, entre eles o pastor, eram mulheres. Essa última estatística, felizmente, confirmou sua lealdade eterna ao catolicismo.

Outros, entre eles um colega meu, não estão muito escandalizados com os fatos da degradação, mas, em vez disso, com o quão pouca e com quão vagarosa tem sido a reação a eles, até mesmo no mais alto escalão. Preocupamo-nos com o motivo de o Papa João Paulo II ter sido tão reticente, aparentemente tão incerto ou incapaz de agir com firmeza e de maneira decisiva com homens, a quem ele mesmo indicara para altos cargos, quando eles o desapontaram. Um padre contou-me que dois de seus amigos de Boston tinham medo ou vergonha de usar o colarinho romano nas ruas.

IV

O holocausto, como em certa ocasião observou o cardeal Josef Ratzinger, agora Papa Bento XVI, mais uma vez nos força a nos ocuparmos com a questão de como um Deus bom pode permitir coisas terríveis. Historiador que é, Ratzinger nos recorda que esse crime não foi o primeiro na história em que Deus sofreu tal acusação, fundamentada em uma reação às atrocidades humanas. Além disso, muitas pessoas que leem o próprio Antigo Testamento ficam aparentemente incomodadas com o que parece ser um Deus que, na verdade, aprova e encoraja a matança de inocentes, mulheres, crianças e idosos. Um amigo jesuíta, já falecido, certa vez me disse que ele não leria o Antigo Testamento porque era muito sangrento. Evidentemente, se ele o tivesse escrito, seria incruento; ou seja, não teria sido o que chegou até nós. No entanto, com os atuais escândalos de abuso infantil, o problema não é tanto "por que Deus permitiu tais atrocidades?" - em si, não é uma pergunta nova - mas sim, "Por que tantos clérigos participaram dessas coisas?"

O livro de Belloc, *The Path to Rome*, versa sobre uma caminhada que ele fez em 1901, um ano após a morte de Nietzsche. Nietzsche, em um livro famoso, tentou ir "além do bem e do mal", em que "ir além" é, de fato, um meio de enfrentar o problema, desde que, é claro, exista algum "além" que não seja nem bom nem mau. É interessante que, no presente caso, os secularistas, que declaram ver poucos erros em grande parte dessa prática quando considerada em abstrato, ficam, eles mesmos, escandalizados quando padres não praticam o que pregam. Isso nos lembra a observação de Chesterton de que os secularistas ficam mais escandalizados quando os clérigos cumprem seus votos do que quando não o fazem. O pecado, em última análise, é menos interessante do que a virtude, muito menos do que a graça.

No início do século XX, Belloc já se preocupava justamente com "a máquina humana" da revelação sobrenatural[150]. Por que Deus não apenas criaria um mundo no qual existem males terríveis, mas também instituiria uma igreja cujos líderes, muitas vezes, se revelaram pecadores? Os "caminhos de Deus não são os nossos caminhos", como diz Isaías. Nossas queixas contra Deus revelam nossa concepção de Deus. Pensamos que Ele devia fazer o que faríamos em Sua posição. Nós, com nossas concepções de equidade e justiça, não teríamos permitido que essas coisas acontecessem ou assim supomos, sem refletir sobre justamente o que teríamos de fazer para impedi-las. Dados os fatos de desordem em lugares altos, podemos rejeitar Deus como indigno de nós ou suspeitar que existe algo mais profundo nos caminhos de Deus do que estamos dispostos a suspeitar. Tivesse Deus nos dotado de um clero sem pecado, Ele sem dúvida também nos teria dado, simultaneamente, figuras religiosas que não poderiam compreender nossos próprios pecados. Se a história não atestou holocausto algum, provavelmente, também não poderia atestar o livre arbítrio.

Recordo esses questionamentos populares e contemporâneos não apenas porque dizem respeito a todos nós e são parte da busca pelo sentido das coisas em que todos estamos envolvidos, mas porque também são questões já previstas na revelação e em nossa reflexão sobre ela. A demanda por um mundo em que não houvesse possibilidade de atrocidades ou por uma igreja em que a hierarquia fosse sem pecado é concebível. De fato, isso foi concebido por Deus, no Jardim do Éden, como nos diz o Gênesis. No entanto, se um mundo como esse existisse, podemos estar certos de que não existiríamos, pois somos o produto de um mundo em que atrocidades são possíveis e em que um clero pecador é, muitas vezes, um fato. A questão não é se Deus pode ter criado algum outro mundo sem pecado ou atrocidade, mas se Ele poderia teria criado o mundo em que vivemos e ainda ser Deus.

---

[150] NIETZCHE, Friedrich. *Beyond Good and Evil: Towards a Philosophy of the Future*. Harmondsworth: Penguin, 1976.

V

A penúltima frase na introdução à autobiografia de James Thurber (1894-1961), *My Life and Hard Times* [*Minha Vida e Tempos Difíceis*], diz, "É lamentável [...] que mesmo uma vida bem-ordenada não possa conduzir ninguém com segurança ao destino inevitável que nos espera no céu"[151]. Essa passagem, igualmente divertida e profunda em seu contexto, é apenas um outro modo de afirmar a noção de Sócrates de que a filosofia é, basicamente, uma preparação para a morte. Sócrates disse em sua *A Apologia* que nada de mau pode acontecer a um homem bom, pois até mesmo a morte não é considerada má, enquanto fazer o mal é mau em todos os casos. Estamos cientes não só de que o bom pode sofrer - "destino inevitável que espera nos céus" não deve ser evitado - mas também que seu sofrimento e destino são um argumento a favor, não contra, uma "vida bem-ordenada".

Somos lembrados de tempos em tempos, em especial pelos autores clássicos, de que o próprio ser de uma pessoa humana encerra um "risco". Devemos ser "buscadores". Inserida na própria estrutura de nosso ser está a pergunta a respeito do sentido de todas as coisas. E o fato de sermos "aqueles que buscam", e não "aqueles que "conhecem", nos faz imaginar se há alguém que possa nos dar a "capacidade" e o "conhecimento" para distinguir entre o que Sócrates chamou de "a boa e a má vida". Uma vez que aprendemos a distinguir entre esses dois tipos de vida, ainda devemos "escolher" entre as vidas que nos são "possíveis". O risco ou o drama da existência humana não parece suplantar a questão de se algo nos é oferecido, mas se, ao ser oferecido, o aceitamos ou o rejeitamos.

No comentário de Santo Agostinho sobre o Salmo 109 (quarta-feira da segunda semana do Advento):

> Fiel é Deus que se fez nosso devedor, não por ter recebido algo de nós, mas por nos ter feito tão grandes promessas. Não bastaram, contudo, as promessas; além disso quis se comprometer por escrito, dando-nos um documento válido de suas promessas. Assim, ao começar ele a realizar as promessas, poderíamos considerar nas Escrituras a ordem do pagamento. Com efeito, o tempo das profecias era, conforme já dissemos, o da predição do que prometia. Ele prometeu a salvação eterna, a vida

---

[151] THURBER, James. *My Life and Hard Times*. Nova York: Bantam, 1968, p. 13.

feliz e sem fim na companhia dos anjos, a herança imarcescível, a glória eterna, a suavidade da visão de seu rosto, a casa de sua santificação nos céus, e com a ressurreição dos mortos a exclusão de então em diante do medo da morte[152].

Se, de fato, escolhemos "não ser bons", e o fazemos, em geral, sob a égide de uma teoria alternativa do que significa o bem. Discutimos o que é o bem, buscando, nós mesmos, formular seu significado. Ou seja, tomamos para nós a posição de deuses; fazemos de nós mesmos a causa das distinções das coisas. Se argumentarmos que Deus, e não nós mesmos, é o responsável pelos males bem conhecidos que todos parecemos reconhecer, devemos ter cuidado com o que propomos. Se o mal no mundo é causado por Deus, então, suponho que temos de rejeitar Deus e construir um mundo novo. De fato, isso é muito bem o que podemos estar tentando fazer. Por outro lado, se o mal tem origem em nossa própria vontade, então a cura para os males do mundo parece ser reconhecer um bem que não criamos por nós mesmos. Provavelmente, não podemos ter as duas coisas. E esse, em essência, é o risco de nossa própria existência.

Quando Josef Ratzinger observou que a beleza serena de Apolo não nos basta, ele não pretendia castigar os filósofos, poetas e dramaturgos gregos. Eles descobriram algo digno, que move nossa alma. A beleza nos surpreende. Mas a beleza em um mundo com tragédia, com um mal desenfreado, causado por aqueles que Deus criou para escolher o bem e o belo, não nos permite escapar da crucificação. Nosso conceito de beleza - e devemos ter um conceito de beleza - não deve ser tal que não permitamos, ao menos mentalmente, que o mundo que existe, exista. Se quisermos que nossos caminhos sejam os caminhos de Deus, certamente acabaremos com um tipo de mundo diferente do mundo que temos. A pergunta sempre deve ser, nosso mundo é uma melhoria? Gosto de fazer essa pergunta porque apresenta, sem rodeios, a verdadeira questão, a saber: o fato do pecado humano e da desordem implica, logicamente, que este mundo particular em que existimos não deveria originalmente existir? Seria o nada melhor do que o mundo existente em que coisas terríveis não só podem acontecer, mas aconteceram, até mesmo em nossas vidas?

---

[152] SANTO AGOSTINHO. *Comentário aos Salmos (101-150)*, Coleção Patrística. São Paulo: Paulus, p. 156. (N. T.)

A resposta breve a essa pergunta desconcertante é que a glória e a beleza de Deus permanecem as mesmas, existamos ou não. Deus não precisa de nós. No entanto, ao pressupor que Deus pode escolher ter algo que exista fora de si mesmo, disso deriva que a maior glória de Deus seria se existissem criaturas que pudessem reconhecer e amar *aquilo que é e existe* e afirmar *o que é e existe*, é. Essa posição significaria, intrinsecamente, que as criaturas poderiam preferir si mesmas a preferir Deus, caso contrário, não seriam reais. Se isso for verdade, não devemos esperar que nossa existência não inclua coisas que deem extremamente errado. Deixamos Deus em uma única posição. Às vezes é chamado de arrancar o "bem" do "mal". Na realidade, o que Deus faz é levar adiante, para o seu fim apropriado, qualquer bem que exista, onde quer que se encontre, até mesmo no pecado. Nenhum pecado acontece sem estar baseado em algum bem. A história do mundo, incluindo o mundo eclesiástico, incluindo nosso próprio mundo pessoal, é o desenrolar desse drama de como escolhemos e como Deus continua a trazer as coisas à glória, apesar de qualquer rejeição formal à sua Beleza.

Em uma antiga série de *Peanuts*, chamada "Here Comes Charlie Brown" ["Aí vem Charlie Brown"], deparei-me com a seguinte cena: Charlie e Lucy estão caminhando no que parece ser um campo, no inverno. Lucy faz um beicinho. De maneira inocente, Charlie lhe pergunta: "Você vai fazer alguma resolução de ano novo, Lucy?" A cena seguinte é inesperadamente explosiva. Vemos Charlie ser completamente derrubado, enquanto Lucy grita com ele. "O quê? Para quê! O que há de errado comigo agora? GOSTO DE MIM DO JEITO QUE SOU!" Charlie consegue se levantar, mas Lucy continua a gritar de modo ainda mais veemente, "POR QUE EU DEVERIA MUDAR?! QUAL O SEU PROBLEMA, CHARLIE BROWN?!" Na última cena, Lucy ainda está gritando, agora com as mãos para o céu, "Estou bem do jeito que sou! Não tenho que melhorar! Como? Eu te pergunto, como?" Por fim, vemos um Charlie Brown totalmente derrotado, se afastando furtivamente e murmurando para si, "Cruz-credo!"[153].

Se refletirmos sobre essa cena, devemos reconhecer que em um sentido muito real, Lucy, de fato, está bem "do jeito que é". Ou seja, seu próprio ser é bom e assim permanecerá. Quando ela pergunta "como" ela pode melhorar *o que ela é*, devemos confessar que ela não pode fazê-lo. En-

---

[153] SCHULTZ, Charles. *Here Comes Charlie Brown*. Nova York: Fawcett, 1957, *op. cit.*

tretanto, Charlie também está correto. O drama de nossa existência não consiste no fato de nascermos, mas nas ações que emanam de nosso ser. Nossas resoluções sugerem que podemos mudar nossos modos; na verdade, elas sugerem que, às vezes, devemos mudar nossos modos. Mas não precisamos. Se não for demasiado irreverente, diria que parte da diversão de Deus em ser Deus é o prazer que deve desfrutar ao opor nossas ações ao nosso ser, criado bom. Nenhum mal simplesmente aí se assenta. As consequências disso constituem o drama da realidade, não só de nossas vidas, mas na daqueles que são afetados por nossos pecados e, para ser mais exato, pelas nossas boas ações.

Todo o risco de ser um ser humano é não sabermos, é não escolhermos o grande esquema em que tudo o que sabemos e fazemos acontece. Quem, de fato, irá, como perguntou Platão, nos dar a "capacidade e a ciência de distinguir a vida boa e a má"? A vida da mente é a arena em que o risco de nossa existência é conhecido, conhecido até mesmo por nós. Às vezes, esquecemo-nos, na verdade, por vezes nunca sabemos que, no fundo, a vida de uma mente depende da filosofia da pessoa, um tema ao qual voltaremos no último capítulo.

CAPÍTULO 10

CAPÍTULO 10

Sobre as Coisas que Dependem da Filosofia

Não é incomum encontrar pessoas que creem não acreditar em verdade alguma, ou não aderir firmemente a qualquer assertiva como verdade inconteste em si mesma, é a primeira condição necessária de cidadãos democráticos para tolerar e viver em paz uns com os outros. Posso dizer, de fato, que essas pessoas são as mais intolerantes, pois se, por acaso, tiverem de acreditar em alguma coisa como verdade inconteste, sentir-se-ão compelidas, pela mesma razão, a impor pela força e coerção as próprias crenças aos concidadãos. O único remédio que encontraram para se livrarem da tendência permanente ao fanatismo é romper com a verdade.

JACQUES MARITAIN, *DEMOCRACIA HEROICA.*

Alguns dogmas, dizem-nos, eram críveis no século XII, mas não são mais críveis no século XX. Podemos igualmente dizer que uma determinada

> filosofia pode ser crível às segundas-feiras, mas não pode ser crível às terças-feiras. Podes, do mesmo modo, dizer de uma visão do cosmos que era apropriada às três e meia da tarde, mas não era conveniente às quatro e meia. O que o homem pode acreditar depende de sua filosofia, não do relógio ou do século. Se um homem acredita em uma lei natural inalterável, não pode acreditar em milagre algum, em era nenhuma. Se um homem acredita em uma vontade por trás da lei, pode acreditar em qualquer milagre, em qualquer época.
>
> G. K. CHESTERTON, *ORTODOXIA*.

I

O que significa sugerir que algumas coisas "dependem" da filosofia? E quais coisas podem ser essas? A filosofia, afinal, é "um fim em si". Os filósofos, ademais, até na época clássica, eram considerados um tanto estranhos ou excêntricos. "Depender" deles era, no mínimo, um tanto imprudente. Até mesmo São Paulo associava a filosofia com a "insensatez". Em Atenas, dizia-se ser difícil distinguir o filósofo do tolo. Para o homem normal, um meio-termo entre o filósofo e o tolo, ambos pareciam distintamente peculiares. A vida da mente, entretanto, progride quando se esforça para explicar *as coisas que são e existem*.

No entanto, esse mesmo "homem normal" que pode saudar o filósofo profissional com desconfiança também deve ser, ele mesmo, considerado um filósofo, ao interessar-se por coisas filosóficas, embora não possa chamá-las por esse nobre título. Nesse ponto, a revelação parece corrigir a filosofia. A revelação parece identificar várias coisas básicas às quais os filósofos só aludem veladamente. Ela diz respeito tanto à inteligência quanto ao destino de todos. João Paulo II, na encíclica *Fides et Ratio*, expôs isso muito bem:

SOBRE AS COISAS QUE DEPENDEM DA FILOSOFIA

> As verdades filosóficas [...] não se limitam só às doutrinas, por vezes efêmeras, dos filósofos profissionais. Todos os homens e mulheres são, em certo sentido, filósofos e têm suas próprias concepções filosóficas, pelas quais orientam as suas vidas. De diversos modos, eles conseguem moldar uma visão global e uma resposta à questão do sentido da própria existência e, à luz disso, interpretam o curso da própria vida e regulam seu comportamento. (n. 30).

Houve uma época em nossa cultura em que falávamos de personagens familiares como o "médico cavalheiro", o "advogado cavalheiro" ou o "fazendeiro cavalheiro". Os pais fundadores dos Estados Unidos, de fato, em geral, eram tanto advogados como fazendeiros cavalheiros. Benjamin Rush (1746-1813) foi um médico cavalheiro que começou como um jurista cavalheiro. As noções ilustres de "cavalheiro" e "dama" que associamos a Burke, Newman e Samuel Johnson tornaram-se menos inteligíveis para nós. Em uma era igualitária, todos são cavalheiros, não importando os modos ou os gostos. Legalmente, até mesmo os "bárbaros" são "cavalheiros". Às vezes parece que todos também estão a se tornar advogados. Entretanto, Josef Pieper escreveu:

> Em Platão, há um conceito de escravidão em que nenhuma mudança social, nenhuma emancipação dos escravos pode apagar da face da Terra. Essa concepção está enraizada na crença de que o que é verdadeiramente humano nunca é o mediano. O padrão pelo qual a verdade e a falsidade, o bem e o mal são mensurados, não é só o divino, mas também o humano. Para ser mais exato: o padrão é o que o próprio homem é capaz de ser, e o que ele é chamado a ser[154].

O mediano e o excelente não são a mesma coisa, mesmo em um mundo decaído em que não se espera que todos sejam perfeitos. Tanto o homem comum quanto o filósofo, ao que parece, por conta da humanidade comum, têm necessidade de algo além da filosofia: redenção, talvez.

Tais expressões, que são uma maneira mais excelente de ser *aquilo que a pessoa é*, eram, no entanto, concebidas para sugerir que médicos ou

---
[154] PIEPER, Josef. *Enthusiasm and the Divine Madness: On the Platonic Dialogue, Phaedrus.* Nova York: Harcourt, 1964.

advogados "comuns" (ou como veremos no apêndice III, clérigos) não eram, como tais, advogados ou médicos "cavalheiros". Além disso, o médico ou advogado cavalheiro não era a mesma coisa que um homem exclusivamente "versado em lei ou medicina". O especialista, aquele que dedicou tempo a aprender cada vez mais sobre uma determinada disciplina, não era o que queriam indicar por um médico ou advogado "cavalheiro". Um certo desassossego de alma acompanhada de saber muito sobre relativamente tão pouco. De algum modo, havia uma sabedoria além, e não exclusiva, da profissão da pessoa.

Os "gentis-homens" eram assim designados porque eram sabiamente eruditos ou cultos além das suas próprias profissões. Na verdade, eles liam poesia e história. Conheciam Nietzsche tão bem quanto São Bernardo (1090-1153). Podiam tocar violoncelo ou escrever contos. Jogavam golfe ou handebol. Ser talentoso em dada profissão não era, por eles, considerado o bastante para uma vida completa, não importando quão valorosa fosse a profissão. Os que apenas conheciam sua própria área de especialização eram os profissionais práticos, os artistas não aprendizes ou os mestres, para empregar a terminologia medieval. O advogado ou o médico cavalheiro não só conhecia onde sua profissão se encaixava no esquema das coisas, mas também estava interessado pelo próprio esquema das coisas em si.

Platão frequentemente se refere ao fato de que o ofício do médico, como ofício, é limitado pelo que é ser saudável, algo que o médico não cria, mas apenas serve. Quando uma pessoa está saudável, a tarefa do médico termina. O médico, como ser humano, deve viver, e viver bem, entre os muitos que não estão doentes. A grande questão humana não é como nos tornar saudáveis, por mais importante que seja, mas o que "fazer" quando já estamos saudáveis. A saúde trata da saúde, como disse Aristóteles. Quando estamos saudáveis, prestamos pouca atenção ao funcionamento de nossos corpos. Em vez disso, queremos conhecer e agir em um mundo de incrível abundância e variedade.

Em *A República*, Sócrates refere-se ao caso de um certo Heródico, um treinador médico - uma espécie de médico de esportes, suponho. Esse bom homem passou a vida toda cuidando da própria saúde. O resultado é que ele estendeu sua morte em "um longo processo". Não podia curar a si mesmo; "passou a vida sob tratamento médico, sem descanso para mais nada. Se ele se afastava, mesmo que um pouco, do seu regime habitual, ficava completamente exausto; mas, devido à sua habilidade médica, ele dificultou as coisas para a morte, chegando, assim, à velhice"[155]. Sem um sentido cristão do valor do sofrimento, esse tipo de vida sem lazer era visto como algo um tanto estéril, já que não participava de nenhuma das atividades de lazer para as quais, originalmente, somos feitos. Viver não é só estar vivo. O que faremos quando tudo o mais estiver terminado é uma questão filosófica de grande significado.

Ademais, muito poucos, para não dizer nenhum ser humano, realmente podem ser especialistas ou peritos em mais de uma ou duas áreas ou subáreas. A lista de especialidades a respeito de, digamos, leis tributárias, chega perto do infinito. Sem dúvida, vivemos em um mundo que precisamos de muitas habilidades em todas as áreas da vida, de modo que possamos ser peritos em nossa própria área sem perder a vantagem de participar dos bens que outros especialistas nos apresentam. Compreender essa necessidade é exatamente o que está por trás da noção de um bem "comum", uma noção pensada para abranger tanto o bem geral quanto os bens particulares. O romancista Walker Percy, um médico cavalheiro, se é que algum dia existiu, certa vez, comentou em uma entrevista:

> Eu estava era protestando [...] sobre da visão de tantos, não apenas dos cientistas, mas também dos escritores e dos artistas, de que somente cientistas e apenas a ciência estão interessados em dizer a verdade. A verdade provável, demonstrável, ao passo que a arte e a escrita têm relação com o lúdico, com o nutrir as emoções, com o entretenimento. Sempre defendi que a arte, e até mesmo os romances, são tão válidos quanto a ciência, igualmente cognitivos. De fato, vejo minha própria escrita não como algo muito distante de minha carreira original, a ciência e a medicina, porque [...] a ciência te levará até certo ponto e não além disso, ela nada pode dizer sobre o que é o homem ou o que ele deve fazer[156].

Tais reflexões, obviamente, emanam de um homem inseguro pela limitação de sua profissão. Percy desconfia de uma filosofia científica que impede sua mente de lidar com a verdade onde quer que ela se encontre.

---
[155] Platão, *A República*, 406a-b.
[156] CARR, John C. "An Interview with Walker Percy 1971", em: *Conversations with Walker Percy*. Jackson: University Press of Mississippi, 1985, p. 60.

Ele se preocupa com métodos ou epistemologias que absolutamente não permitem, pelas suas próprias estruturas, que a verdade ser minimamente encontrada.

II

Boswell nos conta que, na primavera de 1768, havia publicado seu livro sobre a Córsega. Ele, então, retornou a Londres apenas para descobrir que Samuel Johnson estava em Oxford com seu amigo *sir* Robert Chambers (1737-1803), que havia se tornado *Vinerial Professor*[157] no New Inn Hall. Ao chegar em Oxford e ser tratado com gentileza pelo sr. Chambers, Boswell inquiriu Johnson, na qualidade de "moralista", se "a prática da lei, em algum grau, fere os bons sentimentos de honestidade". Lembre-se de que Boswell era, ele mesmo, um advogado. A essência da resposta de Johnson foi: "Ora, senhor, não se você agir propriamente! Você não deve enganar seus clientes com representações falsas de suas opiniões: não se deve mentir a um juiz"[158]. A pergunta de Boswell, obviamente, sugere que, na prática do direito, alguém pode muito bem ser tentado a deturpar sua opinião para clientes ou mentir aos juízes, em suma, "ferir o bom sentimento de honestidade" que, supostamente, todo homem deve ter, advogado ou não. O advogado, sugeriu Johnson, já está envolvido em questões filosóficas pela própria profissão.

A questão do "uso" da filosofia, de se a filosofia, em outras palavras, como muitos suspeitam, é "inútil", é, em si mesma, uma questão de filosofia. É importante saber se nosso advogado considera legítimo mentir para nós, seus clientes. Entretanto, as páginas de Platão estão repletas de suspeitas contraditórias de que a resposta à pergunta de se a filosofia é "útil" é negativa. O filósofo, como indicamos, é popularmente visto como uma figura estranha, um tanto esnobe, dificilmente capaz de achar seu caminho pelas ruas. Entre as multidões que o observam, ele é assunto de humor e gracejos.

---

[157] *Vinerial Professor of English Law* é uma cátedra instituída pelo jurista Charles Viner (1678-1756), em 1755, na Universidade de Oxford para o ensino de *Common Law*. Antes da dotação de Viner, só havia cátedras de Direito Civil e de Direito Canônico nessa universidade. (N. T.)
[158] BOSWELL, James. *Life of Samuel Johnson*. Londres: Oxford University Press, 1931, I, *op. cit.*, p. 366.

Até mesmo Sócrates retratou-se, no início de seu julgamento, como alguém que não se preocupava muito com os assuntos públicos ou práticos. Ele alegava não ter a menor ideia de como apresentar-se diante da lei.

> E, todavia, cidadãos atenienses, isso vos peço, vos suplico: se sentirdes que me defendo com os mesmos discursos com os quais costumo falar nas feiras, perto dos bancos, onde muitos de vós tendes ouvido, e em outros lugares, não vos espanteis por isso, nem provoqueis clamor. Porquanto, há o seguinte: é a primeira vez que me apresento diante de um tribunal, na idade de mais de setenta anos: por isso, sou quase estranho ao modo de falar aqui[159].

Sócrates, na verdade, não foi bem-sucedido em defender-se diante da corte ateniense, embora seu julgamento prossiga nos livros, se os lermos, como deveríamos. Julgada pelas consequências externas, a filosofia pareceu ser um tanto inútil para Sócrates, por mais eloquente que tenha sido seu discurso diante do tribunal.

Não obstante, a filosofia sempre se orgulhou de estar "além da utilidade". Alega que vale a pena fomentar a vida da mente por si mesma; não a queremos para outro propósito senão ela mesma. De fato, queremos outras coisas para ela, a queremos para a filosofia, e não o contrário. Por seu intermédio, sabemos onde as coisas, entre elas nós mesmos, pertencem à ordem do cosmos. Mesmo se a filosofia não tivesse "utilidade", ainda gostaríamos de tê-la. É uma daquelas coisas que, depois de se provar que não serve para mais nada, ainda assim queremos. Utilidade - a pergunta "É útil?" - é, em si, uma consideração de filosofia moral, um dos "bens" para os quais podemos tender legitimamente, mas que não é, necessariamente, o mais excelso. O tema da utilidade pode ser visto na Ética a *Nicômaco*, de Aristóteles[160] e no *De Officiis* de Cícero.

Todos os dias estamos cercados de coisas que são meramente úteis, mas ainda nos alegramos de as possuirmos; o martelo para pregar um prego, a navalha para fazer a barba, e até, talvez, os tribunais, para nos dar o que é "devido". No entanto, essa elevação da "utilidade" à mais alta consideração da filosofia no século XIX (os epicuristas já haviam feito algo

---

[159] PLATÃO. *Apologia de Sócrates*. Trad. Maria Lacerda de Souza, 17c-d. (N. T.).
[160] Cf. Aristóteles, *Ética a Nicômaco*, 1156a22 seguintes.

semelhante na antiguidade) não foi particularmente "útil" nem para a política nem para a filosofia, embora tenha ensejado a oportunidade para esclarecer exatamente o que queremos indicar por utilidade de alguma coisa. Paradoxalmente, "utilidade", como filosofia, não é útil. Um universo de utilidade é um universo sem significado real. Um atrativo duvidoso de uma filosofia que logicamente torna o mundo sem sentido, no entanto, é que nos isenta de responsabilidade e nos permite fazer o que quisermos.

O cardeal Christian von Schönborn observou, certa vez, que Santo Tomás de Aquino foi o primeiro homem canonizado apenas por pensar. Que mais essa afirmação pode significar exceto que o pensar, por si, é uma atividade digna? De fato, é a atividade que mais nos distingue como humanos. O oposto de pensar não é "absolutamente não pensar". O oposto de pensar corretamente é pensar erroneamente. Embora seja verdade que enaltecemos quem tem a capacidade natural de pensar, o que é importante sobre o pensar não é a faculdade ou o processo de pensar, mas aquilo que se conclui, o que é pensado, a verdade que se afirma.

Interessamo-nos por Santo Tomás de Aquino, portanto, não porque ele tinha uma mente, ou porque sua mente funcionava como todas as mentes humanas funcionam, mas por conta daquilo que ele pensava com essa sua mente. A vida da mente está, em última análise, preocupada com a verdade. Preocupamo-nos com a verdade que Santo Tomás afirmava, uma verdade que também nós, se o seguirmos, viremos a reafirmar ao lê-lo. Estamos interessados naquilo que ele disse a respeito da alma, da virtude, da lei, da metafísica e de Deus. A verdade não é a verdade de Santo Tomás, mesmo quando é ele quem nos leva a ver que algo é verdadeiro. A verdade não pode, como tal, ser "possuída" por ninguém. É gratuita e libertadora. Mas a "liberdade" da verdade não é o poder de transformá-la no oposto e, ainda assim, chamá-la de verdadeira.

"Cada proposição demonstrável é, *de jure*, comunicável sem limites", escreveu Yves Simon a respeito da solidez da verdade:

> Entretanto, muitas vezes ocorre que a compreensão de uma proposição totalmente demonstrada, ou mesmo, de uma proposição imediatamente óbvia, requerer condições não comumente satisfeitas em sociedade alguma. *De jure*, algumas proposições da metafísica e da ética não são menos comunicáveis do que qualquer teorema de geometria ou lei da biologia. Em convenções filosóficas, homens surdos fazem discursos para outros surdos,

e cegos encenam pantomimas para outros cegos, e isso nunca provará nada contra a intrínseca comunicabilidade da verdade filosófica[161].

Para empregar termos platônicos, verdade é dizer que *aquilo que é* que é, e que aquilo que não é, que não é. Recebemos mentes justamente para fazer tais afirmações. Temos razão exatamente para fazer esse tipo de afirmação. Desejamos conhecer precisamente a verdade e não podemos nos contentar com nada menos do que isso. Uma mente que não pode ou não deseja fazer uma afirmação ou um julgamento não é uma mente.

Os piores tiranos do mundo foram, muitas vezes, homens do pensamento - não simples bárbaros, como, por vezes, achamos. Como os autores gregos os descreveram, eram, na maioria das vezes, belos, charmosos e perspicazes. A diferença entre o rei-filósofo e o tirano não era a de que um pensava e o outro não. O tirano tinha capacidades intelectuais tão grandes e potentes quanto o maior dos filósofos. Por isso era tão perigoso. De fato, muitas vezes, foi a sua filosofia que levou o tirano à política. O tirano diferia do filósofo por conta do que ele desejava, não por conta de qualquer diferença nativa em sua capacidade intelectual.

III

Uma cidade, para ser uma cidade, com a variedade de coisas a serem feitas e de bens a serem trocados, não pode ser composta somente de filósofos (ou tiranos), ao menos, se pressupusermos que filósofos são especialistas que dedicam toda a vida a um comércio nada comum. Filósofos não são sapateiros ou pilotos de aeronaves, ainda que possamos muito bem esperar que, à sua maneira, sapateiros e pilotos saibam alguma coisa sobre filosofia, sobre a verdade das coisas. Se, contudo, um piloto de aeronave é, filosoficamente, um pessimista que publicou livros sobre a virtude do suicídio ou sobre o valor político do terrorismo, se ele é uma pessoa que não acha que a vida vale a pena, então, faremos bem em pegar um outro avião. Eis aqui um caso em que a filosofia pode ser, na verdade, bastante "útil".

---

[161] SIMON, Yves. *A General Theory of Authority*. Notre Dame: University of Notre Dame Press, 1980, p. 112.

Sócrates continuou, depois de incitar os dois jovens filósofos em potencial, Glauco e Adimanto, a erigir uma cidade no discurso para descobrir como surgia a injustiça. Em seguida, ele propôs, como fundamento, um princípio de especialização, em que cada membro da cidade tinha de ser livre para dedicar-se ao que era mais conveniente para ele fazer[162]. Essa contribuição em separado de cada um não era vista como um princípio de separação absoluta ou de isolamento, mas, em vez disso, como um princípio de cooperação. As coisas que mais valem a pena precisam de tempo e de talento para chegar a bom termo. "E porque as pessoas precisam de muitas coisas e porque uma pessoa invoca uma outra em uma necessidade e uma terceira em uma diferente necessidade", continuou Sócrates,

> "muitas pessoas se reúnem em um único lugar para viverem juntas como parceiros e ajudadores. E tal composição é chamada de cidade. Não é assim?... E se elas compartilham coisas umas com as outras, a dar e receber, fazem isso porque cada uma acredita que seja o melhor para si"[163].

É melhor para a pessoa que ela não tenha de fazer tudo; caso contrário, muito pouco ela ganharia de qualquer coisa em comparação com a abundância daquilo que poderia ter com a ajuda de outros. "O homem é, por natureza, um animal político", como disse Aristóteles ao elaborar o mesmo argumento.

O bem comum também inclui, por assim dizer, nosso bem privado, como sugeriu Sócrates. De fato, como diz Platão em *As Leis*:

> [...] a verdadeira arte política necessariamente zela pelo interesse público e não pelo privado, isto porque o interesse público aglutina os Estados enquanto o privado os rompe, e perceber também que beneficia, tanto o interesse público quanto o privado igualmente quando o interesse público, mais do que o privado, é bem promulgado[164].

O filósofo é aquele que conhece esse bem comum, como precisamente comum (ou público), pois faz com que os bens privados também se

---

[162] Platão, *Hippias Minor*, 369a-c
[163] Platão, *Hippias Minor*, 369b-c
[164] Platão, *As leis*, 875a-b

tornem o que são. O bem comum não é uma espécie de bem estranho de grande alcance, aparte e distinto da realidade dos bens privados.

Esse princípio de especialização foi articulado de diversas maneiras ao longo da história. Na famosa encíclica *Quadragesimo Anno* (1931), de Pio IX, foi chamado de o princípio da subsidiariedade (n.79-80). Yves Simon, em seu livro *General Theory of Authority* [*Teoria Geral da Autoridade*], chamou de "princípio da autonomia" - "por princípio da autonomia; qualquer busca que uma unidade particular seja capaz de empreender satisfatoriamente deve ser precisamente confiada a essa unidade"[165]. No nível político, arranjos como o federalismo e a confederação, igualmente, buscaram preservar essa dupla vantagem, a participação em um bem maior, ao mesmo tempo que retinha o valor da unidade menor, tanto para os membros quanto para a excelência do produto. Para que o todo seja o todo, as partes devem ser partes. Ou, dito de outra maneira, a preservação das partes é, em si, uma das principais funções da autoridade pública. O colapso das partes com as próprias autonomias relativas acarreta a uniformidade tirânica.

IV

O principal propósito da filosofia, enquanto filosofia política, é a obra de persuasão - pois assim que a filosofia deve proceder, sua principal e única arma. Quem está persuadindo quem? A lição, tanto do julgamento de Sócrates quanto do julgamento de Cristo, é que a cidade pode matar o filósofo, se assim ela escolher. Sempre tem o poder bruto necessário. A proteção última do filósofo, então, está naquilo que ele pensa a respeito da morte, como Sócrates expôs em seu julgamento. Na maioria das vezes, as cidades escolhem as ações que efetivarão dentro de seus limites por meio de leis e de sua execução. Como no caso de Sócrates diante dos acusadores atenienses e no caso de Cristo diante de Pilatos ou Caifás, surge a pergunta de se o político é persuasível, se está aberto a ouvir e a seguir o filósofo. Se não, o filósofo está morto. Sua morte, sempre que a consideramos, é o que, subsequentemente, reafirma seu caso diante do testemunho da humanidade.

A diferença significativa entre as duas personagens platônicas um tanto semelhantes, Trasímaco, em *A República*, e Cálicles, no *Górgias*, rela-

---

[165] *Ibidem*, p. 137.

ciona-se com a forma como eles ouviam o filósofo. Trasímaco, sustentava, muito antes de Maquiavel, a ideia de que justiça é poder - o interesse do mais forte. No entanto, o resultado do seu debate com Sócrates, no Livro I de *A República*, foi não ter mais argumentos para defender a própria posição. Assim, de maneira relutante, ele viu que não podia sustentá-la e tornou-se, por sua vez, muito amigo de Sócrates. Nesse caso, o filósofo comoveu o político, ou, ao menos, o sofista.

Cálicles, por outro lado, nunca discute seriamente a questão de se a filosofia é importante para o político. A filosofia é apenas algo que, como certa diversão, estudamos na faculdade, mas rapidamente deixamos de lado quando temos de exercer o verdadeiro poder. Quando, ao longo da sua conversa com Sócrates, Cálicles vê que não pode defender o próprio ponto de vista, recusa-se a prosseguir a conversação. A conversa é a única arma do filósofo contra o político. Quando o político se recusa a dar continuidade a qualquer discussão sobre a justeza dos procedimentos ou ideias, sabemos que o filósofo está morto, embora não saibamos se a morte é a palavra final, até mesmo para o político. Que ele suspeitasse, não era o conteúdo do último livro de *A República* de Platão, onde a pergunta das recompensas últimas e das punições surge.

É, assim, que a possibilidade da filosofia, em certa medida, depende do sucesso do filósofo político em apresentar, direta ou indiretamente, o político real como benévolo. Essa abordagem não nega que os políticos sejam, basicamente, desconfiados, e às vezes, com razão, a respeito da possibilidade de o filósofo destruir os fundamentos morais da comunidade política, da explicação da cidade existente de si mesma para si mesma. O político experiente, por sua conta e risco, deve compreender o estrago causado por filósofos indignos na cidade. No pensamento e história gregos, Alcibíades, o mais encantador dos tiranos e dos jovens ao redor de Sócrates, serve, para sempre, como símbolo da validade dessa preocupação. E, não devemos esquecer, seguindo *O Banquete*, que Alcibíades foi uma ameaça ainda mais perigosa à integridade de Sócrates, ou da própria filosofia. Ambos, o filósofo e o político que não amam a verdade mais que as próprias luzes, são perigosos para a filosofia e para a cidade e, na verdade, até para eles mesmos.

Graças a Platão, sabemos que a filosofia nem sempre tem sucesso em convencer políticos a deixarem o filósofo viver. Entretanto, a filosofia ainda pode se desenvolver. Tivesse Sócrates, em vez de beber a cicuta conforme a lei, escolhido o banimento, ou deixado de filosofar, ou escapado da prisão, como era livre para fazer, a filosofia não teria triunfado. Muitos "filósofos" que terminam por violar o princípio socrático de que "nunca é certo fazer o errado" recaem na obscuridade. Outros, tornam-se infames.

V

Seguindo a observação de Chesterton, intitulei este capítulo final acerca da vida da mente de "Sobre as Coisas que Dependem da Filosofia". Pois, é por nossa filosofia que vemos o mundo, não por nossos olhos, a menos que os olhos estejam direcionados pela filosofia que afirma *aquilo que é e existe*. Podemos desviar, tanto os olhos quanto a mente, de ver o que há, o que deve ser visto ou conhecido. Se uma filosofia é verdadeira, não depende de ela ser antiga ou moderna, de ser deste ou daquele lugar, de se hoje é segunda-feira ou terça-feira. Depende da sua compreensão das coisas, de sua prontidão em ser mensurada por coisas às quais ela mesma não é a causa.

A democracia, um sistema jurídico, depende de uma filosofia que afirme que a verdade pode ser conhecida? Suponhamos, somente por argumentar, que a democracia dependa de uma posição filosófica que nega, especificamente, que a verdade seja possível, e, de fato, afirma que a verdade é perigosa na política, se não na própria vida. Em um sentido óbvio, é claro, a verdade sempre foi considerada perigosa, especificamente para a falsidade. A verdade e a falsidade, em si mesmas, pertencem a um sistema filosófico que sustenta que não são a mesma coisa, mesmo quando existe uma discordância a respeito de qual coisa específica possa ser verdadeira ou falsa. Parte do propósito, tanto da filosofia quanto da política, é descobrir isso - o que é e o que não é verdadeiro. A "verdade" de que não existe "verdade" é a base do ceticismo e o fundamenta na incoerência.

Dentro de um sistema filosófico que, como parte dos próprios dogmas, nega a possibilidade da verdade para sugerir que todas as coisas são possíveis, o maior perigo é qualquer ponto de vista que sustente que existam "verdades absolutas" e que essas podem ser conhecidas. Em geral, essa última posição é considerada "fanática". Assim, quem sustenta que a verdade é dizer que *aquilo que é*, é, e afirma que aquilo que não é, não é, é considerado fanático. Os proponentes desse ponto de vista usam suas mentes para negar o propósito da mente, que é afirmar a verdade das coisas. Evidentemente, o ponto de vista filosófico de que não existe a verdade é tido como uma conclusão necessária para rejeitar outras posições. Quais outras posições? As que reconhecem que o erro e o mal existem, e que devem ser identificados e reconhecidos precisamente pelo que são, males e erros. A tolerância como posição filosófica "teórica" significa que qualquer filosofia que reconheça que, na ordem das coisas - dentre elas, as coisas humanas -, existem coisas erradas e más, é, por definição, falsa e perigosa.

No entanto, se há uma posição que permite que as pessoas vivam em paz umas com as outras, mas que não envolva negar a possibilidade da verdade, a suposta alternativa "sem verdade ou sem democracia", seria falsa. O que é interessante nas observações de Jacques Maritain, que citei no início deste capítulo, é a sua consciência de que a teoria da tolerância que se vê somente como algo baseado na negação da própria verdade é, em si, um "fanatismo". Recusa-se a admitir a validade dos argumentos a respeito da verdade.

Vale a pena esclarecer a lógica dessa observação: já que não se pode conceber uma teoria em que as pessoas de diferentes concepções possam tolerar umas às outras, então, para não tornar uma teoria perigosa para a outra, deve-se negar que qualquer teoria seja verdadeira. Como observou Maritain, tal ponto de vista compreende a verdade somente como algo que, se existe, "deve" ser imposto. Os proponentes dessa teoria, em autodefesa, negam haver qualquer verdade possível, em quaisquer termos, para quaisquer pessoas, e que esse fato é o fundamento da democracia. Tal visão de democracia, então, é resultado não de um excesso de filosofia, mas da falta dela.

Essa observação nos leva, mais uma vez, para a questão de o que é a filosofia e onde ela pode existir. Claramente, os sistemas políticos existentes podem abraçar, como fundamento de suas leis, a ideia de que a verdade não existe. Esta é a verdade que eles consideram "autoevidente". Portanto, todas as coisas são permitidas. Se alguma coisa não é permitida, não é por haver algo questionável nisso com relação à verdade, mas simplesmente porque o sistema político deseja que assim o seja. Algum outro sistema político, com lógica similar, pode desejar o oposto.

Normalmente, o ponto de vista de que tudo é permitido é modificado pela noção de que aquilo que "prejudica" os outros não é permitido. Se temos o "direito" de fazer alguma coisa, pareceria que os outros têm a obrigação de permitir que exerçamos esse direito. Esse é, em especial, o caso, se os nossos direitos, como muitas vezes concebidos hoje, estão baseados em nada senão uma decisão arbitrária ou uma lei que, admitidamente, não contenha verda-

SOBRE AS COISAS QUE DEPENDEM DA FILOSOFIA

de alguma em seu fundamento. Ironicamente, essa visão de que tudo é permitido, combinada com a noção de "prejuízo", funcionou para expandir os poderes do Estado, não para diminuí-los. O Estado, em um mundo como este, agora, não tem limites teóricos para sua competência.

Lembre-se do que disse Chesterton: "o que o homem pode acreditar depende de sua filosofia, não do relógio ou do século". Em todas as profissões - direito, medicina, sacerdócio, agricultura, educação, política, negócios ou artes - há a necessidade daqueles que são consagrados *ao que é*. Os filósofos não são os únicos afetados pelas respostas às questões filosóficas. Na verdade, a própria existência da revelação sugere que nem mesmo a filosofia pode responder a todas as questões filosóficas. Ao longo de sua breve vida ativa, cerca de vinte e cinco anos, dizem que Santo Tomás de Aquino fez umas dez mil perguntas. O que é digno de nota no Aquinate não é ele ter feito tantas perguntas, mas tê-las, também, respondido. É disso que trata a vida da mente. Se a filosofia é uma jornada, é também a busca pelas respostas. Não depende do relógio ou do século.

Deixem-me, por fim, recordar os seguintes princípios:

1. "O que é verdadeiramente humano nunca é o mediano."
2. "Não se deve mentir a um juiz."
3. "Em convenções filosóficas, homens surdos fazem discursos para outros surdos."
4. A ciência "nada pode dizer sobre o que é o homem ou o que ele deve fazer".
5. As "verdades filosóficas [...] não se limitam só às doutrinas, por vezes efêmeras, dos filósofos profissionais".
6. "O padrão pelo qual a verdade e a falsidade, o bem e o mal são mensurados, não é só o divino, mas também o humano."
7. O que é digno de nota sobre Aquino não é ele ter *perguntado* dez mil perguntas, mas tê-las, também, respondido.
8. O que podemos acreditar realmente depende de nossa filosofia. É disso que trata a vida da mente.

CONCLUSÃO

CONCLUSÃO

As Coisas que a Mente Não Fez

Há todo um problema da mente humana,
que necessariamente diz respeito às coisas que
não fez; às coisas que não poderia fazer;
dentre elas, a si mesma.

G. K. CHESTERTON, *"OUR BIRTHDAY".*

A vida da mente é repleta de descobertas de coisas que ela não fez. É bom ser humano, porque aquilo que não somos nós mesmos é capaz de ser nosso, ao mesmo tempo em que permanece sendo o que é. Isso é o que significa ter uma mente viva para as coisas. Podemos "viver" ou "ser" o que não somos porque temos mentes. Entretanto, ao fazer isso, felizmente, continuamos sendo nós mesmos. De fato, somos mais nós mesmos. Sempre me senti atingido por exortações para ser virtuoso, para "fazer o bem e evitar o mal". Esse é o primeiro princípio prático em que passamos a compreender quando vemos que o ser - *o que é* - pode ser desejado. O bem é, afinal, aquilo que existe sob o aspecto da desejabilidade. As *coisas que são e existem* são dignas. Todas as coisas são criadas boas. *Omne ens est bonum.*

O "esplendor da descoberta" é uma expressão de que realmente gosto, muito embora não seja minha. Creio que gosto dela exatamente porque não é minha. Gosto de viver em um mundo em que os outros, mesmo os outros que não conheço, já viram algo que ainda não vi. Gosto da ideia de que professores possam levar-me a um lugar no qual eu também possa ver o sentido de uma coisa, ver por mim mesmo, mas apenas porque alguém teve o trabalho de orientar-me na direção correta.

Todos já passamos pela experiência de alguém nos dizer "Não está vendo?" Suponhamos que estejamos olhando para um prédio ou uma árvore na outra margem de um rio. De início, não conseguimos perceber exatamente. Nosso amigo, impaciente conosco, diz: "Não está vendo?" E, de repente, focamos corretamente, e vemos o que nos está sendo mostrado. "Sim, agora vejo!" [*Now I See* era o título de um livro escrito por um desportista e filósofo inglês, Arnold Lunn (1888-1974). Até hoje um bom livro]. A expressão "agora vejo!" captura o drama de nossa existência. Não estamos apenas preocupados em "fazer" alguma coisa, mas também por compreender. Nada realmente está completo, exceto quando também é compreendido.

A palavra "descoberta" entrou no meu vocabulário filosófico por outro motivo. Na introdução do livro *The Catholic Church and Philosophy* [*A Igreja Católica e a Filosofia*], de Vincent McNabb (1868-1943), Hilaire Belloc, o amigo com quem caminhamos por essas páginas, por nenhum outro motivo a não ser para nos ajudar a ver as coisas que existem, deu a seguinte definição de filosofia: "Filosofia significa, primeiramente, o amor pelo conhecimento - o conhecimento último das realidades últimas e, por extensão, significa, em especial, a resolução de questões que a mente nos apresenta em relação aos assuntos mais importantes com os quais a mente pode lidar". A mente propõe, a si mesma, questionamentos. Não hesita em perguntar a respeito "dos assuntos mais importantes com os quais a mente pode lidar". Às vezes, eu penso que temos medo de fazer tais perguntas. Em *A República*, Glauco é chamado de "bravo" por Sócrates, porque teve a coragem de fazer as perguntas últimas, mesmo quando não estava certo de que tinham alguma resposta ou de que tinham uma resposta digna de nossa sina ou, de modo ainda mais arriscado, tinham uma resposta que ele poderia aceitar.

É nesse contexto que Belloc também empregou o termo "descoberta". Um dos maiores entusiasmos em ser humano é exatamente descobrir o que já foi descoberto. O amigo de Belloc, Chesterton, fala da experiência memorável de sair pelo mundo para encontrar uma terra prometida. Quando é encontrada, quando finalmente aportamos em alguma costa distante, no entanto, descobrimos, ao inspecionar, tratar-se do próprio lar que, de repente, redescobrimos. Entretanto, agora vemo-lo com novos olhos, pois enquanto estávamos em casa, estávamos muito próximos dele para saber o que realmente era, para perceber o quanto o amávamos. Podemos ter um grande entusiasmo por descobrir algo totalmente novo, mas isso nem chega perto da delícia de descobrir o que já está lá.

    Muito do prazer em ser humano consiste na capacidade de dizer *o que é*, "agora vejo!" Grande parte daquilo que é realmente verdadeiro já é conhecido, ainda que nós mesmos não o conheçamos. Isso, mais uma vez, leva-me, para concluir, à ideia de "descoberta" de Belloc. Descoberta significa a maneira como saímos a procurar respostas para perguntas importantes, para descobrir uma resposta real para uma pergunta real. A filosofia não consiste apenas em elaborar perguntas. Mais importante ainda, consiste em descobrir respostas para perguntas importantes à medida que essas perguntas são feitas. "Um processo de raciocínio que estabelece a existência de um Deus pessoal é uma *descoberta*", nos diz Belloc. É tão importante que cada um de nós descubra algumas verdades filosóficas básicas quanto que conheçamos o caminho por nossa própria cidade.

    Desse modo, é importante saber, estar cônscio, que temos mentes. Não precisamos reconhecer que a vida da mente é, em primeiro lugar, contemplativa, ou seja, que apenas quer conhecer, regozijar-se *naquilo que é e existe*. Pensar traz alegrias e dissabores. Ou seja, não é culpa do nosso ser termos que trabalhar, termos que nos disciplinar para conhecer as coisas importantes, para fazermos as perguntas certas, para reconhecermos as respostas certas, para escolhê-las quando as conhecemos. A vida intelectual, a vida da mente, os livros, a escrita, o conversar, e, sim, o caminhar e o observar - essas são coisas que nos são dadas.

    De uma coisa estou totalmente convencido, de que no dia em que eu morrer haverá centenas de livros que gostaria de ter lido, muitos grandes pensamentos não escritos ou não elaborados, muitas conversas com muitos amigos inacabadas ou, talvez, nem mesmo iniciadas. Se Cristo morreu aos trinta e três anos, Sócrates aos setenta e Platão aos oitenta e um, está tudo bem. Não ficamos realmente privados por eles não terem vivido por mais tempo. Pois encontramos nossos grandes mestres ao ler o que eles têm a nos dizer, mesmo quando, como Platão, dizem-nos que as experiências mais sublimes não podem ser escritas.

Sabemos que as palavras nos levam a coisas, a realidades demasiado gloriosas para serem totalmente capturadas apenas por palavras. Livros, como nos diz C. S. Lewis, permitem que vivamos várias vidas além da nossa. Essa é a glória deles, e a nossa também. Se formos relativamente "não instruídos" aos quarenta anos, como nos conta Phyllis McGinley, isso pode ser uma bênção, pois somente então somos realmente livres para ler o que outrora pensávamos não ser digno de ser lido. Existem coisas como "deleites intelectuais", e muito do que há de errado com o mundo remonta ao fato de que muitas pessoas, dentre elas, nós mesmos, não experimentaram essas delícias.

No final das contas, é realmente um "risco" ser um humano. Esse risco consiste, em grande parte, em escolhermos não conhecer *aquilo que é e existe* porque não queremos saber para onde esse conhecimento pode nos levar. Eu, muitas vezes, disse que o homem é o "risco" de Deus, pois a única condição da existência inicial do homem era que ele deveria ser livre para rejeitar *aquilo que ele é*. O outro lado dessa mesma liberdade, contudo, é o de que todas as coisas nos são dadas, mesmo enquanto permanecemos sendo o que somos. Essa é a verdadeira "descoberta" e seu "esplendor". Essa é a vida da mente. De fato, "é possível", para recordar Santo Tomás de Aquino, "que em um único ser possa habitar a amplitude de todo o universo". No que tem de melhor, a vida humana, *a vida da mente*, consiste no esplendor dessa descoberta. Ao fazer as perguntas corretas, nossas mentes tornam-se abertas a todas as respostas que nos são *dadas*, a todos os esplendores *do que é e existe*.

APÊNDICES

.... **TRÊS APÊNDICES** ....

Aeste livro relativamente curto, tomei a liberdade de acrescentar três apêndices. O leitor pode ignorá-los, mas, de alguma maneira, não creio que o livro estaria completo sem eles. Ainda assim, não creio que pertençam à parte central do texto, cujo argumento, aliás, está completo. Deixem-me explicar brevemente o que são.

O primeiro apêndice consiste em uma lista relativamente curta de livros que, ao serem lidos, servirão, creio eu, para nutrir a vida de qualquer mente. Eles têm muitos ângulos e panos de fundo diversos. Cada um deles é um livro maravilhoso; eu os sugiro porque são bons. Gosto quando alguém me recomenda um livro para ler, especialmente um sobre o qual, antes, não conhecia nada a respeito. Naturalmente, acho, que outras pessoas vão gostar do que eu gosto.

O segundo apêndice reproduz uma entrevista sobre educação e aprendizagem. E, embora este não seja um livro "impessoal", esse formato de entrevista permite-me dizer algumas coisas a respeito da minha formação e entusiasmos que sugerem como compreendo essa vida da mente que busquei descrever. Essa entrevista, de fato, foi um dos motivos de ter pensado valer a pena escrever este livro.

O terceiro apêndice foi originalmente apresentado em uma palestra à tarde, em um verão modorrento, para alguns seminaristas em Bridgeport, Connecticut. Monsenhor Kevin Royal, reitor do St. John Fisher Seminary, foi precipitado o suficiente para pensar que os jovens rapazes precisavam ouvir algo que elogiasse a leitura por mero prazer, bem como para o cultivo da mente em geral. Embora essa palestra tenha sido, de início, destinada a clérigos, é leve o bastante para qualquer pessoa. A palavra "clérigo" ou "dom" tinha, tradicionalmente um significado secular e religioso, referindo-se a alguém com erudição acadêmica ou religiosa formal. O ponto dessa reflexão não é apresentar livros técnicos que um clérigo - religioso ou leigo - deve ler para sua profissão, mas recomendar o que ele deve ler simplesmente para ser humano, para ser um cavalheiro no sentido que discutimos no último capítulo, aprendendo sobre as coisas que nos tornam "gentis", as coisas que amamos conhecer simplesmente porque o conhecê-las é aprazível.

APÊNDICE I

Os 20 Livros Sugeridos por Schall para Despertar a Mente

1) Josef Pieper, *Faith, Hope and Love*;
2) C. S. Lewis, *An Experiment in Criticism*;
3) Leon Kass, *The Hungry Soul: Eating and the Perfection of Our Nature*;
4) Peter Kreeft, *The Philosophy of Tolkien*;
5) Dennis Quinn, *Iris Exiled: A Synoptic History of Wonder*;
6) Lorenzo Albacete, *God at the Ritz: Attraction to the Infinite*;
7) Frederick Wilhelmsen, *The Paradoxical Structure of Existence*;
8) Hilaire Belloc, *The Four Men*;
9) Robert Sokolowski, *The God of Faith and Reason*;
10) Jennifer Roback Morse, *Love and Economics: Why the Laissez-Faire Family Doesn't Work*;
11) Louis L'Amour, *The Education of a Wandering Man*;
12) G. K. Chesterton, *St. Thomas Aquinas*;
13) Robert Reilly, *Surprised by Beauty: A Listener's Guide to the Recovery of Modern Music*;
14) Tracey Rowland, *Culture and the Thomist Tradition*;
15) E. F. Schumacher, *A Guide for the Perplexed*;
16) Caryle Houselander, *Guilt*;
17) João Paulo II, Carta-Encíclica *Fides et Ratio*;

18) Ralph McInerny, *The Very Rich Hours of Jacques Maritain*;
19) Eric Voegelin, *Plato*;
20) Samuel Johnson, *Selected Essays*;

Acrescento mais um ensaio: Dorothy Sayers (1893-1957), "The Lost Tools of Learning" facilmente encontrado na internet.

APÊNDICE II

Sobre Educação e Conhecimento: respostas às perguntas de Kathryn Jean Lopez, *National Review Online*, 2002

1) ***Há quantos anos o senhor leciona?***

Antes de responder a essa pergunta a respeito dos anos de magistério, devo tocar, primeiramente, na questão da escolaridade prévia. Como gosto de dizer, desde os meus cinco anos de idade até os trinta e sete, só perdi um ano de estudos, no ano em que estive no Exército e, mesmo lá, frequentei uma escola de cartografia durante o dia e uma escola noturna no Rutgers. Para colocar em contexto essa extensa tarefa escolástica, certa vez, na casa de meu irmão mais novo, na Califórnia, um amigo dele, em uma festa, perguntou-me essa mesma questão a respeito de meus anos de estudo. Meu irmão, que nunca esteve notoriamente impressionado com a significativa carreira do irmão clérigo, estava ouvindo a minha resposta, que foi "dos cinco aos trinta e sete anos". Antes que seus amigos ficassem muito impressionados, meu irmão gracejou "Sim, e se fosse inteligente, teria se formado há muito mais tempo".

Lecionei por um ano na Universidade de São Francisco (USF) nos anos de 1955-1956, um curso de lógica, um curso de ciência política e dois cursos, na ocasião, de habilidades fundamentais em inglês, chamado de "Inglês para Burros". Esse curso, com um nome espirituosamente parodiado, foi projetado para dar um reforço os alunos que não passaram nos teste-padrão de inglês. Tínhamos de colocá-los em um nível mínimo desejável, por assim dizer. Lembro de tentar ensiná-los como esquematizar uma frase. Esse esforço, sob minha direção no quadro-negro, fez o clássico labirinto de Creta parecer imensamente simples.

De 1965 até 1969, lecionei em tempo integral no *Instituto Sociale* na Universidade Gregoriana, em Roma. De 1969 a 1977, lecionei os primeiros semestres em Roma e os segundos semestres na Universidade de São Francisco (USF). Muitas pessoas pensavam que esse era o arranjo ideal. O único inconveniente é que não me sentia em casa em nenhum dos lugares. De 1978 até hoje, leciono no *Government Department*, em Georgetown. Às vezes, é melhor calcular o magistério em termos de número de alunos e não em número de anos. Tenho uma média de 230 alunos por ano desde 1979, para mais ou para menos. Depois de uns anos, você percebe que, quando uma turma sai pela porta no último dia, são poucas as chances de você voltar a ver 95% desses alunos de novo. Isso traz certo amargor à arte de lecionar. As universidades não são lares, mas estações no meio do caminho, guardiãs de coisas que, provavelmente, ninguém mais manteria.

2) *Quando o senhor descobriu que queria lecionar?*

Provavelmente, a melhor resposta a essa pergunta sobre saber quando se quer ensinar é "após crer que eu tinha algo que valia a pena ser ensinado". Sempre pensei existir uma relação íntima entre lecionar e escrever. Minha prioridade, ultimamente, tem sido escrever, embora meu amigo, o padre Robert Spitzer S. J., agora reitor da Gonzaga University, tenha argumentado que provavelmente mais pessoas são alcançadas por intermédio do magistério. Ele tem um argumento. Quando era aluno, costumava recomendar aos outros que tivessem aulas com um professor que eu sabia que estava escrevendo alguma coisa, pois esse era, provavelmente, ainda que não necessariamente, um sinal de vida. No entanto, é sempre possível que um escritor ou professor muito popular seja, na verdade, um professor do erro, até mesmo um "bom" professor do erro. Ninguém deve ensinar nada a não ser que seja verdadeiro, mas, como meu amigo, o professor Tom Martin da Universidade de Nebraska, em Kearney, escreveu recentemente em *The Examined Life*, a academia, hoje, é, em geral, regida *ex professo* por sofistas que ensinam que a verdade não existe. As pesquisas demonstram que esse tipo de ensino é o que os alunos entendem ser a doutrina da maioria das faculdades. Quer dizer, eles têm como verdadeiro que não existe verdade, uma contradição tão antiga quanto a própria filosofia.

Temos de perceber que a verdade é gratuita. Embora seja endereçada para todas as mentes porque é razão, ninguém a "possui". Embora seja possível apor "direitos autorais" de palavras e livros, estritamente falando, a verdade pertence a todos. É uma experiência comum para mim, e estou certo de que é para muitos, ler algo que seja realmente bom. A primeira coisa que queremos fazer ao ler algo que nos toca é contar a alguém sobre isso, a quase todo mundo. A rigor, não ensinamos aqueles que já sabem - nossos colegas, por exemplo. Podemos discutir com eles, conversar com eles sobre coisas, mas não os ensinamos. Ensinar sugere uma condição inicial do aluno de não saber e de não saber como saber. Refere-se a passar do não saber ao saber.

Yves Simon (em *A General Theory of Authority*) [*Uma Teoria Geral da Autoridade*] observa que o papel de um professor é sempre substitutivo. O término do ensino é quando o professor não é mais necessário porque aluno enxerga o propósito por si mesmo. O professor facilita ao aluno passar do não saber para saber, em geral, porque o professor já esteve nessa posição antes do aluno. No entanto, ao final, o que importa é o resultado final, quando o não conhecedor conhece, quando o professor desaparece como não sendo mais útil. Em essência, a regra dos pais é tornarem-se desnecessários para a criança, de modo que essa criança possa começar a governar-se a si mesma. Gosto de dizer aos alunos que espero chegar o dia em que recordarão o que leram em Aristóteles, mas esquecerão que foi nas aulas do Schall que o encontraram. Aristóteles não é "meu", muito embora possa ser meu modo de insistir nele que cause, incite ou force, uma pessoa a lê-lo, e, ao lê-lo, perceba que é grande e fale com ela, até hoje, melhor do que ninguém.

3) Em seus anos de magistério, como as coisas mudaram em termos de qualidade dos alunos, de qualidade da própria vida universitária?

Muitas vezes, me perguntam isso. Minha resposta é que, até onde posso ver, perguntas sobre "qualidade" do aluno ou "qualidade" da universidade são relativamente inúteis. Os alunos que tive no meu primeiro ano em Georgetown, há uns vinte e cinco anos, eram tão bons quanto e, muitas vezes, melhores, que os alunos de hoje. Entretanto, os alunos que tenho hoje também são muito bons. Os alunos de hoje, de fato, têm menos tempo livre, menos tempo real para serem educados, muitas das vezes por conta de "requisitos". Diversas vezes penso que, se eu tivesse de colocar em um grande caldeirão todos os alunos que já tive e tirá-los dali, um por um, não conseguiria dizer em que ano cada um frequentou o curso, e isso não faria diferença alguma.

A verdadeira questão é sempre o que o aluno necessita ler. E ele lê? Meu amigo e professor Brian Benestead, da Universidade de Scranton, diz "Leve-os ao livro". Está certo. Não existe universidade se Platão não é lido, ainda que seja chamada de universidade. Os alunos que chegam à universidade sem nunca terem lido Platão ou Aristóteles, Agostinho ou Tomás de Aquino, dentre outros, estão, realmente, perdendo tempo e dinheiro. Sem esses pensadores, e também a Bíblia, não terão pista alguma do que se tratam todas as coisas.

Não sou necessariamente um defensor daquilo que chamam de "grandes livros", não que eu seja contra a leitura deles, embora sejam assim definidos. O meu livro *Another Sort of Learning*, na verdade, foi escrito porque os grandes livros não são adequados, muito embora sejam "grandes". Concordo com Leo Strauss e com Frederick Wilhelmsen (1923-1996), os quais observaram que os grandes livros se contradiziam entre si. Muitas vezes, eles podem levar ao ceticismo. Igualmente, concordo com Platão em *A República* quando ele nos adverte a respeito da exposição muito prematura dos alunos aos grandes pensadores, antes que possam ter vivido o bastante para reconhecer o que, de fato, é grandioso. Não nego que alguns alunos são mais brilhantes que outros. Uma das funções da universidade é descobrir quem é quem. Entretanto, também estou ciente de que aprender, muitas vezes, é uma questão de saber se a pessoa está com a alma em ordem, se tem atração por *aquilo que é*. Grandes coisas não são vistas por aquelas almas que não estão ordenadas. Não fui eu quem disse essa frase primeiro. Aristóteles o fez. No entanto, não me importo de repeti-la como se fosse eu o primeiro a descobri-la. Na verdade, quando nos ensinam algo e quando, por fim, vemos "a verdade das coisas", para usar a grande expressão de Pieper, nós a "descobrimos". Agora, somos nós os que vemos.

4) *O que torna a pessoa um bom professor?*

Alguns dos grandes professores que já tive seriam considerados, pela maioria dos padrões, como professores péssimos. Um dos melhores professores que já tive, padre Clifford Kossel, S. J. (1916-2002), morreu recentemente na Gonzaga University. Se você não se sentasse na primeira fileira e aprendesse a fazer leitura labial, perderia metade do que ele dizia, mas o que dizia era formidável. No *Another Sort of Learning*, relato a observação de René Latourelle, S. J. (1918-2017), na ocasião, reitor da Universidade Gregoriana, um franco-canadense e um bom professor e teólogo. Estávamos caminhando no terraço da Universidade Gregoriana uma noite após o jantar, quando essa pergunta sobre o que é um bom professor surgiu. Latourelle respondeu que essa pergunta deveria ser respondida de maneiras diferentes de acordo com momento em que a pergunta é feita - depois do primeiro dia de aula, depois da metade do semestre, depois dos exames finais, um ano, cinco anos ou trinta anos depois. Com muita frequência, alguém que pensávamos ser um mau professor quando éramos jovens, vem a ser, quando somos mais velhos, alguém que nos ensinou mais que qualquer outro.

Alguns dizem que bons professores nascem, não são feitos. Tenho um primo que nasceu em uma fazenda em Iowa, assim como eu. É da minha idade (idoso), nunca fez faculdade e trabalhou em uma fazenda ou na indústria de defesa por toda a vida. Ele tinha o que Aristóteles chamaria de intelecto prático quando se tratava de fazer ou organizar coisas. Não me recordo de ter tido nenhuma conversa desinteressante com ele. Por outro lado, muitos anos de trabalho em um assunto, sem dúvida, nos tornam mais capazes de compreender e ensinar alguma coisa. Existe uma espécie de "antissabedoria" na academia hoje. Os professores jovens estão preocupados com novas coisas. E não existe nada mais animado do que um rapaz ou uma moça que acabou de sair da pós-graduação, alguém que realmente aprendeu algo. Acabei de ler uma tese de doutoramento da Universidade de Adelaide, na Austrália, que foi algo certamente emocionante. Entretanto, existem certas coisas que exigem anos de repetição.

Gosto de citar a observação de C. S. Lewis de que "se você só leu um grande livro uma única vez, você, absolutamente, não o leu". Meu adendo a tal observação é que toda vez que você lê, digamos, a Ética, de Aristóteles, mesmo após lê-la umas cinquenta ou sessenta vezes, descobrirá ali algo surpreendentemente novo, algo que você nunca viu antes. Essa manhã, por exemplo, eu estava lendo o Livro II da Ética. Deparei-me com a seguinte passagem que, de fato, sublinhara há alguns semestres. Vi que esse trecho tinha me arrebatado:

> Mas também não é desejo, embora pareça próximo a ele, porque a escolha não é de coisas impossíveis; e se alguém disser que ele os escolheu, parece que ele é um tolo. O desejo, por outro lado, é impossível, como, por exemplo, a imortalidade[166].

Quando lido com atenção, toda a estrutura da razão e da revelação, um tópico sobre o qual escrevo com frequência, está contida nessa breve passagem.

Portanto, o que "faz" um bom professor? Basicamente, um bom professor é alguém que nos leva a fazer perguntas importantes, sem, ao mesmo tempo, ser uma pessoa que sugere que não existem respostas para tais perguntas. O verdadeiro mistério do magistério não é não haver perguntas, mas haver respostas. Nem eu negaria o fato paradoxal de que os alunos também "ensinam" os professores. Um bom professor sabe que, na sala de aula, sempre existe alguém que provavelmente é mais brilhante do que ele. Michael P. Jackson é um ex-secretário adjunto de transportes da administração Bush. Ele foi meu aluno há uns vinte anos, e aprendi muito com ele. O que os alunos fazem é permitir que professores reflitam, repetidas vezes, sobre os materiais que os alunos normalmente veem somente uma vez quando são jovens.

---

[166] Aristóteles. Magna Moralia, 1111b21-22. Cabe observar que tal obra também é conhecida como "Grande Moral" ou "Grande ética", por isso a referência do autor à obra no corpo do texto como sendo somente "Ética". (N. E.)

5) *Existe, hoje, algum grande professor entre nós, na vida pública?*

O propósito da "vida pública" não é ensinar, mas fazer boas leis e dar bons exemplos de como viver bem. O ensino é, em primeiro lugar, uma coisa muito particular que pertence à ordem contemplativa, das coisas por elas mesmas. Isso também é verdade ao ensinar os ofícios e as artes da ação humana, mesmo quando essas, em verdade, são ordenadas para o fazer ou fabricar. As leis, como defendem Aristóteles e Tomás de Aquino, podem ser educativas - deveriam ser, de fato. Podemos, por certo, ser corrompidos pelo exemplo dos homens públicos. É disso, em parte, que trata a lição da administração Clinton. Homens públicos, contudo, não são professores propriamente ditos. Isso não significa que a pior forma de corrupção, em última instância, não vem dos políticos, mas dos filósofos errantes, como entenderam São Paulo e Platão. O grande drama do *Górgias*, de Platão, centra-se no perigoso homem público rejeitando o filósofo, ao recusar deixá-lo ingressar na conversação. O homem público pode e, com frequência, recusa-se a analisar sua consciência e premissas.

No entanto, Maquiavel compreendeu que o modo real de mudar uma sociedade é mudar as almas dos filósofos em potencial, escrever um livro, não governar. Platão sabia disso também. Platão soube disso antes. É por isso que Maquiavel tentou com tanto afinco remover os exemplos e ensinamentos de Sócrates e de Cristo, homens que nunca escreveram livros, das almas dos filósofos e governantes em potencial.

O maior professor na cena pública hoje, sem dúvida, aquele que falou com mais seres humanos do que qualquer outro homem na história, é João Paulo II. Ele, contudo, ocupa um posto além da vida pública. Ele diz aos jovens ao redor de todo o mundo que a primeira coisa da qual precisam cuidar é das próprias almas. Não são poucos os que se preocupam com o fato de o papa não disciplinar ou governar, assim como ele ensina e encoraja. No entanto, isso remonta ao fato de que uma coisa é ensinar, outra é governar, embora esta sem aquela, a vida pública sem a verdade, pode nos corromper a todos por seu exemplo, se já não tivermos hábitos compensadores dignos.

6) Qual é o livro mais educativo já escrito?

Nenhum outro se compara ao livro *A República*, de Platão ou, *a pari*, a todas as obras de Platão. Toquei nisso no meu ensaio "The Death of Plato" ["A Morte de Platão"], na *American Scholar* (verão de 1996). O melhor professor moderno é Josef Pieper, embora C. S. Lewis, por comparação, não chegue a ficar em segundo. Que tal Aristóteles e Santo Tomás? Que tal Agostinho? Tomás de Aquino era muito decidido em tornar as coisas claras, de modo que os principiantes pudessem rápida e facilmente alcançar as coisas mais excelsas. Peter Kreeft é muito bom em representar Santo Tomás, Lewis, Pascal, Jó e Tolkien. Não podemos opor Platão, Aristóteles, Santo Agostinho e Santo Tomás de Aquino uns aos outros. Esses últimos sempre pressupõem os primeiros e lhes acrescem algo. Acabei de reler a trilogia de Tolkien. Tudo está lá, também, a seu modo. E Strauss e Voeglin surgem, grandes, no horizonte de nossa época.

7) Há algum conselho que o senhor daria aos professores iniciantes que, possivelmente, estão desencorajados com progressismo entre os membros da faculdade e com a falta de entusiasmo entre os alunos?

Uma coisa a fazer é ler a revista *American Enterprise* sobre a diversidade nas faculdades (julho de 2002, eu acho). Basicamente, existe pouca, se é que existe, diversidade política no corpo docente das faculdades ou nas administrações. Todas as promoções, todas as classificações e as cátedras permanentes são decididas pelos mesmos limitados critérios políticos. Em grande parte das vezes, isso significa que ninguém realmente obtém educação na maioria das faculdades. A educação deve ser buscada de modo independente, o que é o lado bom do individualismo. Temos de descobrir revistas acadêmicas e fóruns em que possamos falar ou escrever. Temos de aprender a falar a verdade sem glória. Isso não é fácil. Meu conselho é encontrado em Aristóteles:

> uma investigação desse tipo é árdua porque nossos amigos introduziram as *Formas* [Platão]; embora talvez pareça melhor, e até mesmo necessário para salvaguardar a verdade, deixar as questões familiares de lado, espe-

cialmente porque somos filósofos, amantes da sabedoria. Bem, sendo amigos de ambos, é mais honesto colocar a verdade à frente[167].

Essa é a ordem do dia para uma vida muito humilde. Lembra-nos, todavia, de buscar a "pérola de grande valor". Nada mais, realmente, nos satisfará.

8) *Como o senhor constantemente cita os dois, qual mensagem Platão e Charlie Brown têm em comum?*

Tanto Platão quanto Charlie Brown[168] são encantadores. Platão, em parte, escreveu *A República* para superar o encanto de Homero. Charles Schulz (1922-2000) escreveu *Peanuts* para fazer gerações pensarem a teologia cristã sem saber o que estavam fazendo. Leia *The Gospel According to Peanuts* [O Evangelho segundo Peanuts] ou *The Parables of Peanuts* [As Parábolas de Peanuts] de Robert Short (1932-2009), ou *The Beagles and the Bunnies Shall Lie Down Together: The Theology in Peanuts* [Os Beagles e os Coelhos Deitar-se-ão Juntos: a teologia em Peanuts] de Charles Schulz. Juro que citei todos os incidentes no último livro em algum contexto político ou sociológico. Charlie Brown é um bom homem para quem as coisas sempre dão errado. Platão sabe que as coisas dão errado. Ele dedicou toda sua a vida a instituir uma república, no discurso, em que as coisas dão certo. Colocar essa cidade no discurso de nossas almas é a essência do que é conhecer.

Mas, é claro, Schulz queria que soubéssemos que Lucy nunca permitirá que Charlie chute a bola sem que ela a tome no último minuto. Por trás de Charlie e por trás de Platão, esconde-se uma alegria tremenda. Chesterton também ressaltou isso ao final de *Ortodoxia*. Platão chamou-nos de "brinquedos dos deuses", ou seja, existimos, mas não precisávamos existir. Não existimos porque é necessário que existamos. Portanto, se existimos, é porque somos, mas não precisávamos ser. Ainda assim, nossa

---

[167] Aristóteles, *Ética a Nicômaco*, 1096a14-17
[168] Trata-se do personagem de desenho animado do famoso cartunista americano Charles Schulz; Charlie Brown é uma criança inocente e dotada tanto de esperança quanto de má sorte em suas empreitadas, o que fazia das peripécias do desenho verdadeiras fontes de diversão. As tirinhas fizeram enorme sucesso nos jornais americanos na década de 1950, e até hoje são replicados ao redor do mundo. (N. E.)

existência é valorosa. Platão observa que faltava algo à criação depois de tudo criado. O que estava faltando era quem a glorificasse.

  Charlie Brown - o texto paralelo, de certo modo, é o livro de Chesterton *Santo Tomás de Aquino* - existe para louvar e recordar até mesmo as coisas mais estranhas, o assistir à TV enquanto a irmã, Sally, quer que ele a ajude com o dever de casa. Muitas vezes, se diz que Platão forma o abstrato do particular. De alguma maneira, precisavam ser subsumidos no Verbo feito carne, de modo que nada, por mais ínfimo que fosse, voltasse a ser não importante, mesmo que não tivesse necessidade de existir. Se passarmos os dias lendo Platão e Charlie Brown, logo chegaremos àquilo que é e existe, que é, de qualquer forma, onde queremos estar. Há outros modos de chegar ao mesmo lugar, mas essa maneira é a mais agradável e encantadora.

APÊNDICE III

Leituras para Clérigos

Padre Latour arrumou uma ordem para seus últimos dias; se a rotina lhe era necessária na saúde, o era ainda mais na doença [...]. Terminadas as orações da manhã, Madalena veio com seu desjejum, e ele sentou-se em sua poltrona enquanto ela fazia a cama e arrumava o quarto. Então, ele estava pronto para receber os visitantes. O arcebispo entrou por uns momentos, quando ele estava em casa; a madre-superiora, o médico norte-americano. Bernardo leu para ele pelo restante da manhã; Santo Agostinho ou as cartas de Madame de Sévigné, ou Pascal, seu preferido.

WILLA CATHER, *DEATH COMES FOR THE ARCHBISHOP.*

> Todo autor tem um sentido com o qual todas as passagens contraditórias concordam, ou então ele não tem sentido nenhum. Não se pode dizer isso da Escritura e dos profetas. Eles tinham, certamente, bastante bom-senso. É preciso, pois, procurar um sentido que reconcilie todas as contrariedades.
>
> **PASCAL,** *PENSAMENTOS*, **ARTIGO VIII, XII.**

I

Uma amiga da Flórida, a colunista Mary Jo Anderson, certa vez escreveu-me que "Deus a tirara das quadras de tênis". Quando perguntei justamente por que "Deus" terminara com sua carreira como tenista, ela respondeu:

> A versão mais curta é que tinha empilhado uma boa quantidade de livros católicos ao lado da cama, na mesa de cabeceira, para ler. Prometi a Deus que começaria neles quando meu último filho fosse para a faculdade. E, quando ele partiu, em vez disso, peguei uma raquete de tênis e, em dois anos, estava jogando tênis quatro vezes por semana [...]. Então, um dia, passei pela pilha de livros e disse a mim mesma: "Senhor, algum dia, quando tiver tempo". Desci as escadas e enrolei um tapete que tinha de ser levado para a lavanderia. Era muito pesado - resultado, abaulamento discal. O cirurgião-ortopedista tentou vários medicamentos [...] nenhum funcionou. Pôs-me em uma cama por três meses. Tive muito tempo para ler. Tentei voltar a jogar tênis, até que, finalmente, captei a mensagem. Pus a raquete de lado e voltei minha atenção para outro lugar.

Como resultado de aposentar a raquete, ela começou a ler.

A sra. Anderson era uma licenciada que, como muitos de nós, não leu muito durante a faculdade, ou não leu muito daquilo que valia a pena ser lido. "Por que ninguém me falou sobre esses livros antes?", perguntou-me, em certa ocasião. No entanto, temos de estar prontos para ouvir quando nos falam sobre eles. Ela se tornou, de fato, como aqueles que a leem sabem, uma leitora boa e cuidadosa, não apenas de livros católicos, mas também de outros livros. A conclusão implícita é que, se não mantivermos voluntariamente nossas promessas a Deus de ler, Ele conseguirá que a cumpramos de uma outra maneira, menos agradável. Deus acha que ler é importante!

Essa lição sobre leitura não é para tirar nada das quadras de tênis ou de golfe, ou o valor e a necessidade de relaxamento e exercício da vida de ninguém. De fato, creio que as lições que aprendemos com os esportes, tanto praticando quanto assistindo, trazem ensinamentos profundos e manifestos tanto para a vida da mente quanto para a vida da fé. Entretanto, a lição é que se queremos achar tempo para o que vale a pena, temos de olhar para nossas prioridades e vê-las à luz de uma hierarquia verdadeira.

Nessa reflexão, não vou defender a leitura com base na "obrigação", embora eu creia que esse seja um elemento em qualquer argumento do porquê devemos ler, assim como praticar exercícios aeróbicos são um elemento para ganhar corridas. Podemos dizer, por exemplo, que somos "obrigados" a ler a Epístola aos Romanos porque somos clérigos, porque é nosso ofício. Pode ser necessário um pouco mais de estímulo, entretanto, para "fazer" com que a leiamos juntamente com outros livros que possam nos ajudar a compreendê-la - comentários ou dicionários, por exemplo.

Outra amiga minha, Anne Burleigh, autora de um livro inspirador chamado *Journey Up the River* [*Viagem rio acima*], escreveu-me a respeito do neto:

> Ele decolou como um raio na leitura. Ele acabou de terminar o primeiro ano e já leu o *Livro dos Mitos Gregos* de D'Aulaire. Está na metade de *A Ilha do Tesouro*. Que grande coisa aprender a ler. Não existe alegria como essa!

É algo com esse espírito que desejo que permeie essas observações para nós, os clérigos, embora estejamos muito além do primeiro ano. Prefiro enfatizar o espírito do padre Latour. Vocês vão notar o que liam para ele, mesmo quando estava morrendo - Santo Agostinho, Madame de Sévigné (1626-1696) e Pascal, "seu preferido". Esses são livros de um padre que sabe ler.

Eu relato essas reflexões anteriores de meus amigos porque suspeito que essa lição é uma que muitos clérigos tiveram que aprender, ou gostariam de ter aprendido, ao longo da vida.

II

Certa vez, João Paulo II disse aos bispos da Índia:
A preparação teológica adequada exige uma educação que, respeitando a parte da verdade que se encontra em outras tradições religiosas, contudo, proclama de modo infalível que Jesus Cristo é o Caminho, a Verdade e a Vida. Com vista a esta finalidade, as instituições educativas católicas devem oferecer uma sólida formação filosófica, necessária para o estudo da teologia. A verdade transcende os limites do pensamento oriental e ocidental, unindo todas as culturas e sociedades[169].

Tomo essa admoestação como uma licença para que os padres mantenham interesses intelectuais, dentre eles, os interesses relacionados à teologia amplos e bem-informados.

O catolicismo, para o bem ou para o mal, é a religião da inteligência. Ou seja, sempre reconheceu, como assinala Leo Strauss, que a filosofia é essencial para sua compreensão integral e missão. A *Fides et Ratio*, a encíclica de João Paulo II sobre razão e revelação, é bem clara, até mesmo contundente, a respeito da necessidade e da prática de uma filosofia verdadeira. A essa luz, fiquei um tanto desapontado que a recente e extensa Instrução da Congregação para o Clero, "O Presbítero, Pastor e Guia da Comunidade Paroquial"[170], não continha nenhuma menção específica a esse aspecto da vida clerical.

A *Instrução* mencionou, no entanto, o Ofício Divino. "No Ofício Divino, ele [o sacerdote] supre aquilo que falta ao louvor de Cristo, e, como embaixador credenciado, a sua intercessão é uma das mais eficazes para a salvação do mundo" (n.14). Entretanto, muito embora o ofício seja um ato de louvor, é também um ato ou um exercício de inteligência. Não há ofício diário que não contenha alguma reflexão básica e profunda sobre a natureza das coisas divinas e humanas. As segundas leituras são, muitas vezes, pérolas de profundidade reflexiva dos padres gregos, de Santo Agostinho, de Santa Teresa D'Ávila (1515-1582), dos grandes papas, de um Gregório

---

[169] João Paulo II, *Discurso ao Terceiro Grupo de Bispos Indianos de Rito Latino por Ocasião da Visita "Ad Limina Apostolorum"*, 26 de junho de 2003, n. 5. (N. T.).

[170] O texto integral pode ser encontrado no seguinte endereço: <http://www.vatican.va/roman_curia/congregations/cclergy/documents/rc_con_cclergy_doc_20020804_istruzione-presbitero_po.html>, acesso em 30/mar/2020. (N. T.)

ou de um Leão. Há uma relação entre adoração e inteligência que nos é oferecida todos os dias no Ofício. Além disso, a repetição dessas leituras básicas, ano após ano - até mesmo, em alguns casos, diária, semanal ou mensalmente - nos ensina uma lição de leitura que lembra a observação sarcástica de C. S. Lewis de que se você só leu uma vez um grande livro, você, absolutamente, não o leu.

 Minha observação geral, contudo, é que a obra de um bom padre em quase qualquer paróquia do mundo, se ele está fazendo metade do que deveria estar fazendo, consome mais tempo e energia do que ele tem ou jamais esperou ter. A prudência significa fazer o que podemos e viver com isso. Deus não nos pede para sermos super-homens, mesmo quando nossos bispos e superiores parecem discordar. Ainda lembro de ter celebrado a missa dominical na paróquia de um de meus sobrinhos, em uma visita ao Texas. O pastor apareceu depois da missa. Perguntei-lhe quantos paroquianos ele tinha. "Vinte e três mil", respondeu. Fiquei espantado. "Você tem alguma ajuda?". "Sim, tenho dois assistentes e mais um jesuíta que vem aos domingos". Em outras palavras, a vida normal do homem era simplesmente estar sobrecarregado, com ou sem o jesuíta.

 Bons bispos e superiores religiosos muitas vezes têm de repreender, persuadir ou mesmo ordenar que seja separado um tempo, não só para a oração e para a vida espiritual, mas também para a vida do intelecto. Ainda assim, na Igreja de Roma, um sacerdócio inteligente não é um luxo. Os jornais, infelizmente, estão repletos do que acontece quando não temos um sacerdócio virtuoso. A relação entre mente e virtude não é de menor importância. A maioria das falhas de intelecto, eu suspeito, pode ser atribuída a um erro anterior de virtude, de vida espiritual. Ainda assim, acho que existem mais alguns erros fatais para um clérigo do que subestimar a própria vida intelectual. Com isso quero dizer que ele deve ter alguma compreensão inteligente do porquê o catolicismo é verdadeiro, e alguma consciência dos argumentos e práticas que parecem negar essa verdade.

III

 Onde encontramos tempo para cultivar nossa vida intelectual? O primeiro passo, hoje, suponho, é analisar quanto tempo dedicamos à televisão, à internet e a outras tecnologias modernas absorventes. Reconheço que, de modo bem restrito, quando as controlamos e não elas a nós, podem ser bem úteis. No entanto, devemos elaborar uma declaração de independência delas. Só podemos fazer isso se tivermos uma fonte de informação e conhecimento que seja independente de suas influências. Essa é uma das coisas que devemos colocar em prática. Não quero dizer apenas que a mídia, às vezes, está errada ou é sutilmente ideológica. Se nossa única fonte de informação é a PBS (canal público de TV), o jornal local ou a estação local de televisão, provavelmente, estamos com sérios problemas. Precisamos de alguns periódicos ou *websites* inteligentes ou acadêmicos, que nos ofereçam alternativas genuínas ao conteúdo desses meios de comunicação. Nunca é neutro, como minha amiga Tracey Rowland demonstrou em seu novo livro, *Culture and the Thomist Tradition* [*Cultura e a Tradição Tomista*].

Um amigo meu que é oficial do exército trouxe-me à atenção um livro sobre o corpo de fuzileiros navais dos Estados Unidos chamado *Absolutely Americans* [*Totalmente Americanos*]. Ele observou que esse livro retrata bem tanto a nobreza quanto a desordem das tropas. Os jovens soldados são, muitas vezes, viciados em pornografia na internet. E "viciado", provavelmente, é a palavra certa. Sem dúvida, precisamos estar cientes de que a orientação pastoral, hoje, tem de incluir as desordens da alma e da mente que possam advir, se as deixarmos acontecer, da internet e de outras fontes.

Todos sabemos que a internet também contém, em qualquer dia, todas as notícias do Vaticano, *sites* católicos muito bons, a *New Catholic Encyclopedia*, as obras de Santo Tomás de Aquino ou de quase todos os santos. Pode ser e é uma ferramenta muito útil. Mas também pode corromper. Não teremos muita ajuda para controlar essa fascinação que vem de fora de nós mesmos. O próprio governo, de muitas maneiras, se tornou um ator ativo nessa corrupção. A virtude sempre sempre foi uma questão, em grande parte, de autodisciplina. E, isso é duplamente verdadeiro ainda hoje.

Qual é a alternativa? Sugiro que, no mundo de hoje, a única alternativa é buscar a verdade, com seriedade e constância, durante toda a nossa vida. Imagino isso, em primeiro lugar, como uma alegria. Um dos primeiros livros que recomendaria para aprender como ter tempo para ler o que queremos ler é o *The Education of a Wayfaring Man*, do escritor do Oeste, Louis L'Amour. Ganhei esse livro de um amigo muito depois de já ter chegado à velhice, - muitos dos seus conselhos eu já aprendera com meus próprios erros e experiências. Escrevi meus guias de leitura em *Another Sort of Learning* e no *On the Unseriousness of Human Affairs*.

Entretanto, com frequência, recomendo *L'Amour* para outras pessoas. Os conselhos dele sobre como encontrar tempo para ler, como gravar e lembrar o que lemos, de fato, como proceder para aprender, de modo sistemático, sobre algo - digamos, a pistola Smith & Wesson, ou sobre as ravinas em Wyoming - são vívidos e úteis. À parte, talvez, do clássico de A. D. Sertillanges, *A Vida Intelectual*, nenhum outro livro é tão útil quanto o de L'Amour para nos ajudar a aprender como organizar o tempo e como aprender o que não sabemos, mesmo quando não queremos ou não precisamos saber.

IV

Como aventei, o catolicismo é uma religião da inteligência. Igualmente, é uma religião de revelação, mas concebe essa revelação como advinda e direcionada à inteligência, ou seja, direcionada à verdade das coisas. Temos sorte se nossa educação no seminário nos deu uma base literária, histórica ou filosófica. Em geral, somos relativamente jovens quando somos ordenados, ao menos para os padrões gregos. Não podemos ser apenas "teólogos" e, ainda assim, ser teólogos. Entretanto, também não precisamos nos considerar gênios universais. Sempre encontraremos pessoas mais inteligentes, mais bem-educadas do que nós. Isso é algo com que podemos nos alegrar, sem esquecer que não foram poucos, das pessoas mais brilhantes que já existiram, que foram sacerdotes - dentre eles, Tomás de Aquino, Agostinho, Newman, Francisco de Sales (1567-1622) e Bernardo de Claraval (1090-1153). Creio ser sábio ter ao alcance das mãos as reflexões de padres que também são intelectuais notáveis - Romano Guardini (1885-1968), por exemplo, Henri de Lubac (1896-1991), Hans Urs von Balthasar (1905-1988) ou Josef Ratzinger. Também colocaria Karol Wojtyla (1920-2005) nessa categoria.

Um padre precisa ter e cultivar a própria biblioteca. Recentemente, tive o prazer de estar na paróquia do monsenhor Stephen M. Digiovanni, no centro de Stanford, em Connecticut. É um acadêmico nato e escreveu um estudo excelente sobre como o *New York Times* relatou a relação de Pio XII com os judeus durante e imediatamente após a Segunda Guerra Mundial. Veio a se mostrar muito favorável. Seu escritório, não me surpreendi em ver, tinha uma coleção maravilhosa de livros. Só lamento não ter pensado em copiar os títulos de alguns deles.

Ao procurar nas minhas estantes, encontro um livro que quase já esquecera, a antologia de George Nauman Shuster (1894-1977), ex-reitor do Hunter College, que, ao ser compilado, veio a se chamar *The World's Great Catholic Literature* [A Grande Literatura Católica do Mundo]. Se vocês virem um livro usado com tal título, provavelmente, vale a pena tê-lo. Uma das breves seleções desse livro foram as observações de Giovanni Boccaccio (1313-1375) sobre Dante. Para nossos propósitos, vale a pena citar. Não saber nada a respeito de Dante, afinal, é deixar escapar metade da grandeza e do encanto do catolicismo. "Em seus estudos, ele [Dante] era muito aplicado", nos diz Boccaccio, "de tal modo que, enquanto se ocupava deles, nenhuma novidade que ouvia o distraía". Para provar esse ponto, Boccaccio, encantadoramente, nos conta que certa vez, em Siena, em frente à botica, alguém apresentou a Dante um livreto que ele nunca vira antes. Não tinha nome, mas para citar Boccaccio, "muito famoso entre os homens de conhecimento". Quem poderia resistir a essa descrição?

Dante ficou tão entusiasmado para ler esse livro que, imediatamente, deitou-se de bruços em um banco em frente à loja. Começou a ler. Nesse ínterim, todos ao redor dele estavam indo para um grande evento esportivo, com bandas, dançarinas, gritarias e berros, uma espécie de versão de Siena do Super Bowl[171]. Entretanto, impassível, Dante leu por três horas seguidas, das três às seis da tarde. "Contudo, posteriormente afirmou para alguém que lhe perguntou como podia abster-se de assistir um festival tão maravilhoso que ocorrera diante dele e que ele nada ouvira. Imediatamente após", acrescenta Boccaccio, "desse espanto inicial dos que lhe perguntavam, não foi indevidamente acrescida uma segunda pergunta"[172].

Ora, não pretendo recomendar aqui que sempre nos deitemos no chão durante o Rose Bowl[173] para ler um livro "muito famoso entre os homens de conhecimento". Entretanto, também não pretendo criticar a prática. Normalmente, passo o feriado do Natal com meu irmão e família

---

[171] Super Bowl é a final do campeonato da principal liga de futebol americano dos Estados Unidos, a NFL. (N. E.)

[172] BOCCACCIO, Giovanni. "Dante" in: *The World's Great Catholic Literature*. SHUSTER, George (ed.). Harrison: Roman Catholic Books, 1942, p. 106-107.

[173] Jogo anual de futebol americano universitário. Comumente jogado em 1º de janeiro no estádio Rose Bowl, no subúrbio de Los Angeles, em Pasadena, Califórnia.

em San Diego. Raras vezes perdemos os grandes jogos do dia de Ano Novo. No entanto, eu vividadamente me lembro de estar lendo *Os Demônios*[174], de Dostoiévski (1821-1881), durante o feriado do Natal, embora isso tenha interferido algumas vezes para acompanhar os jogos de futebol. É claro, eu poderia acrescentar, *Os Demônios* é um livro "muito famoso entre os homens de conhecimento", assim como tudo de Dostoiévski. É um autor cujo tratamento que dá ao sacerdócio e à sua condição humana em geral é algo que nenhum padre deve deixar escapar.

V

Outro motivo pelo qual nós, padres, devemos ser leitores, leitores daquilo de há de mais profundo entre nós, é que, por maior que seja a nossa experiência da natureza humana, e a exposição do padre é, normalmente, maior que a das outras pessoas, ela nunca é grande o bastante a respeito do que precisamos saber sobre nosso rebanho e, até mesmo, sobre nós. Platão estava muito ciente dessa necessidade e de seus perigos. C. S. Lewis expôs isso bem:

> Aqueles de nós que têm sido verdadeiros leitores durante toda a vida raramente percebem por completo a enorme extensão de nosso ser que devemos aos autores. Percebemos isso melhor quando falamos com um amigo literariamente iletrado. Ele pode ser uma pessoa de enorme bondade e bom senso, mas habita um mundo minúsculo, no qual nos sentiríamos sufocados. O homem que se contenta em ser apenas ele mesmo e, portanto, ser menos um ele mesmo, vive em uma prisão. Meus próprios olhos não são suficientes para mim [...]. A experiência literária cura a ferida da individualidade sem arruinar seu privilégio [...]. Mas lendo a grande literatura, torno-me mil homens e ainda permaneço eu mesmo. Como o céu noturno no poema grego, vejo com uma miríade de olhos, mas ainda assim sou eu quem vê. Aqui, como no ato religioso, no amor,

---

[174] No Brasil destacamos a seguinte edição: DOSTOIÉVSKI, Fiódor. *Os Demônios*. 5ª Ed., Rio de Janeiro: Editora 34, 2013. (N. E.)

na ação moral e no conhecimento. Eu transcendo a mim mesmo; e eu nunca sou mais eu mesmo do que ao fazê-lo[175].

Seria difícil encontrar uma passagem mais perspicaz.
Esse livro de C. S. Lewis, a propósito, *An Experiment in Criticism* [*Um Experimento na Crítica Literária*], foi publicado pela primeira vez em 1961. Nunca tinha ouvido falar dele até que um ex-aluno me deu de presente de aniversário de setenta e cinco anos. O livro me surpreendeu. A questão é: nunca é muito tarde. Como exclamou minha amiga na Flórida: "Por que ninguém me falou sobre esses livros antes?" Nem sempre podemos culpar alguém. Creio, também, que a maioria de nós tem irmãs, irmãos, pais ou primos que nos dão presentes de Natal e de aniversário. Ganhamos camisas e suéteres. Sugiro que é uma boa ideia ter às mãos uma boa lista de livros que gostaríamos de ler quando perguntados sobre o que queremos ganhar de Natal; não que não precisemos ou apreciemos também os suéteres.

VI

Provavelmente, o maior livro jamais escrito explicando por que os bispos não devem ser casados é o famoso romance de Anthony Trollope, *Barchester Towers*. É imperdível, particularmente, se alguém quer ser bispo. No entanto, encontramos aqui também, a título de ironia, por que nosso clero deve ser educado nas artes liberais e manter a ciência de como é o mundo.

> Não há, talvez, no presente, miséria maior infligida à humanidade nos países livres e civilizados do que a necessidade de ouvir sermões [...]. Com que complacência um jovem pároco deduzirá falsas conclusões de textos mal compreendidos e, depois, ameaçar com todas as penalidades de Hades, caso negligenciemos obedecer às instruções que nos dá[176]!

---

[175] LEWIS, C. S. *Um Experimento na Crítica Literária*. Trad. João Luís Ceccantini, São Paulo: Editora Unesp, 2005, p. 120-121. (N. T.)
[176] TROLLOPE, Anthony. *Barchester Towers*. Nova York: Signet, 1963, p. 59.

Estaríamos surdos, hoje, muitos de nós, se com frequência não ouvíssemos críticas semelhantes a respeito de nossos sermões.

Na literatura ocidental, o sermão também é uma forma de arte. Precisamos apenas ler Newman para percebermos isso, se é que já não percebemos. O nome de Newman por si só deveria ser o bastante para nos recordar da necessidade essencial de ser um homem de razão e inteligência. Não nego que o Cura d'Ars ou o pároco de aldeia no romance de George Bernanos (1888-1948) eram homens simples, até mesmo um tanto iletrados. No entanto, eram homens santos e sábios, a maioria isentos, principalmente, da vaidade ou do orgulho muitas vezes associados aos mais eruditos.

VII

Existe um livro intitulado *The World of Wodehouse Clergy* [*O mundo do clero Wodehouse*]. A minha cópia foi outro presente de amigos. Esse, também, era um livro do qual nunca tinha ouvido falar. É um dos livros mais divertidos que conheço. Não lhe falta a qualidade do bom romance, mesmo de um romance humorístico, de nos permitir que vejamos a nós mesmos. Novamente, como os clérigos em Trollope, a família dos Mulliner, em Wodehouse, são membros de ordens clericais na Igreja da Inglaterra. Sem dúvida, esse é um livro que está repleto de percepções sagazes e de coisas divertidas a respeito da condição humana, cujo humor único parece ter se tornado especialmente possível pela própria existência do cristianismo.

Em uma cena memorável, o bispo de Stortford, que eu acredito ser um Mulliner, desce para sua sala de estar onde sua filha, Kathleen, de quem é naturalmente protetor, está sentada lendo o que o bispo, à primeira vista, pensou ser "um livro de devoção". Na verdade, era um romance chamado *Cocktail Time* - um título, talvez, intencionalmente evocativo da peça de T. S. Eliot (1888-1965), *The Cocktail Party*. Tentando não dar na vista, o bispo furtivamente lê, por sobre os ombros da filha, algumas passagens do meio do capítulo 13. Alarmado com o que leu, o bispo-pai arrancou o livro da moça. Voltou ao seu escritório para ver "se tinha realmente visto o que pensou ter visto". E, como diz Wodehouse, "Ele vira".

A igreja do bispo era chamada, delicadamente, de "São Judas, o Resiliente, Eaton Square". No domingo seguinte, no púlpito, o bispo proclama o texto de Eclesiástico 13, 1: "Quem toca no betume ficará manchado". O centro do sermão foi um ataque ao romance chamado *Cocktail Time*. Para uma congregação, sem dúvida, assustada "ele o descreveu como obsceno, imoral, chocante, impuro, corrupto, desavergonhado, deselegante e depravado". Ora, qual supomos foi o efeito desse sermão espantoso do bispo de Stortford no púlpito de São Judas, o Resiliente? Eis a descrição de Wodehouse: "Por todo o edifício sagrado podia se ver homens ávidos em anotar o nome (do romance) nos punhos, mal capazes de esperar para adicioná-lo às suas listas de livros"[177]. Aqui, em uma breve passagem, temos um vislumbre dos perigos de um clérigo ingênuo, do motivo da censura normalmente não funcionar, do poder dos romances, da natureza humana masculina e, por fim, em como devemos incorporar livros às nossas bibliotecas, ainda que não sejam, por certo, necessariamente aquelas com os livros mais edificantes.

VIII

Em 1926, G. K. Chesterton escreveu um ensaio chamado "Why I Am a Catholic" ["Por que sou católico"]. O que tenho tentado fazer nessas observações sobre leituras clericais é recordar-nos de que estamos, de certo modo, em uma posição bastante privilegiada. Todos os dias, apenas ao ler o Breviário, nos deparamos com ideias, pessoas e percepções de quase todos os séculos e com uma imensa variedade de pessoas. O que Beda, *o Venerável* (673-735) disse não nos é estranho. Tanto o Concílio de Niceia quanto o Concílio Vaticano I lidaram com coisas que continuam pertinentes e, quando as relemos, elas nos reanimam. Os Salmos estão diariamente conosco, assim como estão alguns textos do Novo Testamento, das epístolas e do Antigo Testamento. Em uma turma grande, poucos sabem quem foi o bom samaritano, para não dizer o que foram os Atos dos Apóstolos ou quem foi Alberto Magno (ca. 1193-1280). No entanto, nós conhecemos essas coisas.

Chesterton percebeu que as coisas se encaixam. Se era uma coisa pretérita, isso não quer dizer que era pouco importante ou que não estava presente em nosso mundo, somente que não a reconhecíamos. "Nove das dez coisas que chamamos de ideias novas", escreveu Chesterton:

---
[177] WODEHOUSE, P. G. *The World of Wodehouse Clergy*. Londres: Hutchinson, 1984, p. 237.

são simplesmente erros antigos. A Igreja Católica tem como um dos deveres principais o de evitar que as pessoas cometam esses erros antigos; de fazê-los repetidas vezes, para sempre, como as pessoas sempre fazem quando deixadas por si mesmas. A Igreja Católica carrega uma espécie de mapa da mente semelhante ao mapa de um labirinto, mas que, de fato, é o guia do labirinto. Ele foi compilado a partir do conhecimento que, mesmo considerado conhecimento humano, não encontra nenhum paralelo humano. Não existe outro caso de instituição de inteligência contínua que tem pensado sobre o pensar por dois mil anos[178].

Nossa leitura, para empregar a noção de Chesterton, impede que nossos mapas de realidade intelectual sejam apenas um labirinto intelectual.

Basicamente, quero dizer que um padre deve, antes de tudo, manifestar-se como alguém que ama a verdade, mesmo que o mundo defenda que é verdade que não existe verdade. Esse amor pela verdade não é apenas uma questão de busca intelectual, mas, ao menos, é isso. Nenhum padre pode se dar ao luxo de perder um tanto daquela determinação feroz de tornar-se filósofo, de conhecer a verdade que Santo Agostinho manifestou nas suas *Confissões*. E ainda que não creia que a busca pela verdade é somente ou primariamente uma questão de livros ou de educação formal - a sabedoria reside também no inculto, como, por certo, sabemos a partir da nossa experiência com os que são sábios - insisto que alguns dos componentes intrínsecos do catolicismo são, precisamente, os livros e a educação formal. Talvez deva dizer, em vez disso, que é a mente ativa que busca o conhecimento daquilo que é, com a ajuda dos livros.

IX

Se tivesse de recomendar um livro ou um autor que todo padre deveria imediata e regularmente ler, não seria o livro de um padre, mas sim *Josef Pieper: An Anthology*[179]. Recomendo esse livro, em particular, como meio de sugerir que a leitura de todo o *corpus* de Pieper, cuja maior parte está re-

---

[178] CHESTERTON, G. K. "Why I Am a Catholic", em: *G. K. Chesterton: Collected Works*. São Francisco: Ignatius Press, 1990, vol. III, p. 129.
[179] *Josef Pieper: An Anthology*, San Francisco: Ignatius Press, 1989.

fletida nessa antologia, é um modo fundamental de nos manter intelectualmente alertas e cientes das profundezas, tanto da razão como da revelação. É também a melhor introdução a Santo Tomás de Aquino e um lembrete constante de quão importante Aquino é para nós. O próprio Pieper é o mais breve e o mais claro de todos os filósofos. É um assombro de lucidez e de contextualização histórica. Ele não negligencia os poetas, nem nós devemos fazê-lo. Acima de tudo, ele busca a verdade e é um guia seguro para aqueles que conhecem a si o bastante para ver que é isso que devemos ser.

Entretanto, não quero necessariamente, nestas reflexões sobre leituras para clérigos, concentrar-me somente em livros que sejam católicos. Aristóteles e Platão estão no topo de qualquer lista. Chesterton nos diz, em *Ortodoxia*, que se tornou católico *porque*, por assim dizer, nunca lera um livro católico. Ele leu somente os hereges e os leu com cuidado. Se João Paulo II nos deu alguma lição, esta é que devemos aceitar a verdade onde quer que a encontremos. Por outro lado, isso não nega que, mais provavelmente, iremos encontrá-la mais em alguns lugares do que em outros. Em seu muito sensato livro, *Iris Exiled: A Synoptic History of Wonder* [*Iris Exilada: uma História Sinóptica do Maravilhamento*], Dennis Quinn (1928-2011) escreveu:

> Com o advento do Cristo, tornou-se claro como e por que devemos amar o próximo - não por conta deles mesmos, mas por causa do e pelo amor de Deus. O maravilhamento, então, voltou-se de maneira total para o mistério absoluto além do eu e da sociedade e, visto que estava sob inspiração bíblica, o foco do maravilhar-se migrou, definitivamente, do sujeito a maravilhar-se para o objeto maravilhado e para o relacionamento entre os dois[180].

"Maravilhar-se", é claro, é a grande palavra aristotélica que define, de melhor maneira, o motivo de buscarmos livremente *aquilo que é e existe* e suas causas.

Um padre, penso eu, deve, sobretudo, ser alguém que é atraído para onde está, para aquilo que detém e como vive porque é visto como alguém que está a buscar livremente para onde a realidade o levará. Leituras sábias serão o que permitirá não só evitar recomendar o *Cocktail Time* para nossas

---

[180] QUINN, Dennis. *Iris Exiled: A Synoptic History of Wonder*. Lanham: University Press of America, 2002, p. 118.

congregações quando nos tornarmos bispos, mas tornarmo-nos os mil homens que viram "a verdade das coisas". Nem sempre, talvez, precisemos ler com a avidez de um Dante, mas deixem que digam de nós que nos aliamos aos que têm "pensado sobre o pensar por dois mil anos". No nosso fim, recordemo-nos do que o padre Latour lia para si nos seus últimos dias, - Agostinho, as cartas da Madame de Sévigné e Pascal, "seu preferido".

Acompanhe a LVM Editora nas Redes Sociais

https://www.facebook.com/LVMeditora/

https://www.instagram.com/lvmeditora/

Esta obra foi composta pela Spress em
Baskerville e Aleo (título) e impressa em Pólen 80g.
pela Rettec Artes Gráficas e Editora Ltda para a LVM em dezembro de 2021.